CHRISTIAN REILAND
LOA
Das Gesetz der Anziehung

W0171199

GOLDMANN
Lesen erleben

Christian Reiland

LOA

Das Gesetz der Anziehung

Das Lebensspiel um Wohlstand,
Gesundheit und Glück

GOLDMANN

Die Originalausgabe erschien 2008 bei Arkana, München.

Verlagsgruppe Random House FSC-DEU-0100
Das für dieses Buch verwendete FSC®-zertifizierte Papier
Super Snowbright liefert Hellefoss AS, Hokksund, Schweden.

1. Auflage

Vollständige Taschenbuchausgabe August 2012
© 2012 Wilhelm Goldmann Verlag, München,
in der Verlagsgruppe Random House GmbH
Umschlaggestaltung: UNO Werbeagentur, München
nach einem Entwurf von Design Team, München
Lektorat: Gerhard Juckoff
SB × Herstellung: cb
Satz: Greiner & Reichel, Köln
Druck: GGP Media GmbH, Pößneck
Printed in Germany
ISBN 978-3-442-22014-4

www.goldmann-verlag.de

Inhalt

Einleitung

Wunscherfüllung, Zielerreichung, persönliches Wachstum! Wahrscheinlich gibt es nicht nur Hunderte, sondern Tausende von Büchern zu diesen Themen. Ich selbst habe in meinen Regalen momentan fast fünfzig davon stehen. Da sollte man doch meinen, der Bedarf wäre ausreichend gedeckt. Die Realität ist jedoch eine andere. Nie zuvor war das Interesse so groß wie heute. Täglich kommen neue Bücher auf den Markt, finden reißenden Absatz und stehen sogar in den Bestsellerlisten.

Wir alle wünschen uns mehr oder weniger ein Rezept für schnellen und großen Erfolg. Reichtum, Gesundheit und Glück sind die Dinge, die wir ersehnen. Dies gilt wahrscheinlich auch für dich, sonst hättest du dich wohl kaum für dieses Buch entschieden.

Doch gibt es überhaupt *ein* solches universales Erfolgsrezept, wo es doch scheinbar so viele gibt? Was ist das Geheimnis?

Das Gesetz der Anziehung!

Ich glaube, es war im Jahre 2004, als ich zum ersten Mal diesem Begriff begegnete. In den folgenden Monaten studierte ich viele diesbezügliche Veröffentlichungen und fand erstaunlich viele Parallelen zu den Lehren von Dr. Joseph Murphy, Erhard F. Freitag und anderen, deren Bücher ich Mitte der Achtzigerjahre gelesen hatte.

Feststellen konnte ich auch große Ähnlichkeiten zu Kon-

zepten aus dem NLP (Neurolinguistisches Programmieren) und Prinzipien wie den »Palast der Möglichkeiten« aus
dem EFT (Emotional Freedom Techniques).

Der Kreis hatte sich geschlossen.

Nach der Veröffentlichung meiner ersten Publikation
EFT – Klopfakupressur für Körper, Seele und Geist im August
2006 entschloss ich mich, meine erlangten Erkenntnisse
in einem Buch zusammenzufassen. Dieses sollte nicht nur
das Thema auf eine spielerische Art und Weise vermitteln,
sondern auch auf wichtige Aspekte eingehen, die meines
Erachtens in den bereits erschienenen Büchern nicht oder
nur wenig Berücksichtigung fanden, wie »Bestimmung«,
Auflösen von Widerständen, Feng-Shui, Karma u. v. m.

Das Buch *LOA – Das Gesetz der Anziehung*, das du in deinen
Händen hältst, ist das Ergebnis, und ich finde, du hast gut
gewählt. Es geht nicht nur auf alle wichtigen diesbezüglichen Gesichtspunkte ein, sondern macht dich vertraut
mit den effektivsten Manifestationstechniken.

Das Gesetz der Anziehung ist keine Methode, es ist ein
Prinzip, das für uns alle gültig ist, ob wir es nun kennen,
daran glauben oder nicht. Es in einer spielerischen Art und
Weise zu nutzen, die sich positiv auch auf deine Realität
auswirkt, ist der Inhalt dieses Buches.

Wie du schon bemerkt hast, habe ich mich für die persönliche Anrede »du« entschieden. Sieh mich einfach als deinen Coach an, der dich in den nächsten Stunden, Tagen
und Wochen durch dieses Spiel führt, dessen Essenz die
folgenden beiden Fragen sind:

»Was möchte ich (jetzt)?«

»Wie möchte ich mich (jetzt) fühlen?«

Ich wünsche dir viel Spaß und Erfolg!

Christian

LOA

Ich habe mich für den Titel *LOA – Das Gesetz der Anziehung* entschieden, weil LOA nicht nur eine Abkürzung für das englische »<u>L</u>aw <u>o</u>f <u>A</u>ttraction« (Gesetz der Anziehung) ist, sondern auch noch andere passende Bedeutungen hat. Im Zuge meiner Vorbereitung auf dieses Buch habe ich mich da etwas schlau gemacht.

Hier die Ergebnisse: Auf Hawaiisch bedeutet *Loa* »groß« oder »viel«.

In Hawaii tragen auch viele Berge und Gottheiten den Zusatz *Loa*. In einem Aufsatz von Utz Anhalt[1] findet sich auch folgende Erklärung: »*Loa* kommt vom französischen *lois*, Gesetze, und bezieht sich auf die *Schöpfungsgesetze*.« Und in der Wikipedia[2] findet man: »Ein *Loa* (auch *Lwa*) ist ein Geist bzw. Gott im Voodoo mit großer Macht und beinahe uneingeschränkten Möglichkeiten. *Loas* sind in der Lage, denen, die sie verehren, fast jeden Wunsch zu erfüllen. Die Vorstellung der Loa ist älter als die Voodoo-Religion selbst und geht bereits auf deren afrikanische Wurzeln zurück. Das Wort *Loa* bedeutet etwa geistiger Führer und bezeichnet ein normalerweise freundlich gesinntes Geistwesen.«

1 *www.sopos.org/aufsaetze/3ad77f8015838/1.phtml*
2 *http://de.wikipedia.org/wiki/Loa*

1. Mein LOA-Erklärungsmodell

Wichtiger Hinweis: Ich werde dich in diesem Buch mit vielen *meiner* Wahrheiten konfrontieren. Mein Anliegen ist es, möglichst umfassend auf das vorliegende Thema und auch dessen Hintergründe einzugehen. Ich bin jedoch kein Wissenschaftler und liefere dir deshalb nur mein persönliches Verständnis dieser Erklärungsmodelle.

Du triffst die Entscheidung, welche Modelle, Erkenntnisse, Anregungen, Übungen, Methoden und Möglichkeiten du letztendlich »kaufst« bzw. annimmst oder anwendest.

Das Gesetz der Anziehung besagt: *Wir ziehen die Dinge in unser Leben, mit denen wir uns in Resonanz (auf derselben Energieschwingung) befinden, oder auch: Energie zieht gleichartige Energie an.*

Dieses Gesetz besteht schon, seit es das Universum gibt, und ist schon seit Jahrtausenden, auch unter der Bezeichnung »Gesetz der Resonanz«, Bestandteil spiritueller Lehren. Populär wurde es in den letzten Jahren insbesondere durch Erkenntnisse aus der Quantenphysik, die in zunehmendem Maße Erklärungsmodelle auch für dieses Gesetz liefert.

Auf den folgenden Seiten möchte ich dir *mein* mehr oder weniger wissenschaftliches Erklärungsmodell für das Gesetz der Anziehung vorstellen, das nicht nur auf der Quantenphysik beruht. Wenn du dir LOA als Tischplatte vorstellst, so liefere ich dir dafür nun »meine« Tischbeine.

Alles ist mit allem verbunden

Wie schon beschrieben, ist insbesondere die Quantenphysik gerade dabei, die spirituellen Lehren alter Kulturen durch ihre Erkenntnisse im Mikrokosmos zu untermauern. Eine dieser Lehren besagt, dass alles mit allem verbunden ist. Auf der Ebene der Quanten ist dies der Fall, und da dies die kleinsten »Bauteile« von allem sind, gilt es wohl auch für die Ebene, die man Makrokosmos nennt.

In der Quantenphysik gibt es auch das Denkmodell, dass der ganze Kosmos ein Feld oder Netz von Energie ist und die Materie Verdichtungen dieser darstellt. Tatsache ist, dass ein solches Feld[1] existiert. Physiker bezeichnen es als »das Vakuum« oder »Nullpunktfeld«, dessen allgegenwärtige »Nullpunkt-Energie« bei ihren Gleichungen einfach abgezogen wird, was auch als »Renormalisierung« bezeichnet wird.

Auch im Buddhismus geht man von einem alles verbindenden Energiefeld aus, das als »Netz des Indra« bezeichnet wird. Dieses wiederum ist eng verwandt mit den morphologischen Feldern (Rupert Sheldrake) oder dem kollektiven Unbewussten (C. G. Jung).

---

1 Lynne McTaggart. Siehe »Quellen« im Anhang.

Materie und Realität sind nur eine Illusion

Alle Materie besteht aus Atomen. Diese wiederum bestehen aus 99,99 999 999 % nichts, gähnender Leere! Und was da übrig bleibt, hat auch noch die Angewohnheit, sich mal als Welle, mal als Teilchen zu präsentieren, mal da und mal weg zu sein, ja eigentlich nur zu existieren, wenn es gemessen beziehungsweise beobachtet wird. Da ist es immerhin tröstlich, dass wir als Menschen aus sehr, sehr vielen dieser Atome bestehen. Im Internet[1] fand ich folgende Anzahl von Atomen für einen Menschen von 50 kg: 5×10^{27}, ausgeschrieben: 5 000 000 000 000 000 000 000 000 000.

Seit Albert Einsteins Gleichung $E = mc^2$ wissen wir, dass Materie und Energie dasselbe sind. Materie, wie das Buch, das du gerade in den Händen hältst, ist eigentlich nur eingefrorene Energie. Mir stellt sich da die Frage: Durch was eingefroren? Durch Zeit und Raum? Oder dadurch, dass du sensorischen Kontakt mit ihm hast? Also durch deine Beobachtung?

Zeit und Raum, auch Illusion

Nach Einstein sind Zeit und Raum ebenso wie Materie und Energie äquivalent. Es gibt nur die Raumzeit, die vierte Dimension (die Stringtheorie geht mittlerweile von zehn oder gar elf Dimensionen aus). In der Quantenphysik gibt es Denkmodelle, die besagen, dass es so etwas wie Zeit gar nicht gibt. Alles existiert nur im Hier und Jetzt. Das heißt, ebenso wie die Materie ist die Zeit und damit auch der Raum nur eine Illusion.

Wenn dies zutrifft, was ist mit unserer Realität? Auch nur

1 *www.onu.de/galerie/atome/index.htm*

Illusion? Ist es unser Bewusstsein, unser Geist, der unsere Realität erschafft? Viele Quantenphysiker sehen es so.

Jeder erschafft SEINE Realität!
Ich erschaffe MEINE Realität!
Du erschaffst DEINE Realität!

Für welche Realität entscheidest du dich?

Für welche Realität entscheidest du dich?

Für welche Realität entscheidest du dich?

Gedanken und Gefühle sind Energie

Alles ist Energie, und damit sind auch Gedanken und Gefühle Energie. Und sie sind messbar. Ebenso wie Farben, Töne, Licht schwingen sie auf einer bestimmten Frequenz.

Gleiches zieht Gleiches an

Gleich und Gleich gesellt sich gern.
Geld geht dorthin wo schon viel Geld ist.
Wie man in den Wald ruft, so schallt es heraus.

Wir alle kennen diese Aussagen, und unsere Erfahrungen bestätigen dies immer wieder. Doch gibt es dafür auch eine wissenschaftliche Grundlage? Dazu zwei Beispiele:

Wenn man zwei Stahlplatten bis auf einen ganz geringen Abstand zusammenbringt, dann entsteht zwischen den beiden eine Anziehung, die messbar ist.

Und gehen wir mal in die Welt der Frequenzen, sagen wir der Radiowellen. Du möchtest einen bestimmten Sender hören, der natürlich auf einer bestimmten Frequenz sendet, zum Beispiel auf UKW 101,1. Auf welche Frequenz musst du dann wohl dein Radio einstellen, um diesen Sender störungsfrei zu empfangen?

Natürlich auf UKW 101,1. Jede andere Frequenz bringt dir entweder einen anderen Sender, ein Rauschen oder keinen klaren Empfang.

Beim Gesetz der Anziehung sind wir, so wie ich es sehe, Sender und Empfänger. Wir strahlen einen Wunsch mit unseren Gedanken und Gefühlen (Energie-Ebene) auf einer bestimmten Frequenz aus und können diesen (auf der Ebene der Materie) natürlich nur empfangen, wenn wir weiterhin auf diese Frequenz eingestellt sind. Zwischen Senden und Empfangen sollte also die Frequenz beibehalten werden. Je klarer und störungsfreier (d. h. frei von Widerständen) diese ist, umso schneller und besser wird letztendlich das Resultat sein.

Retikuläres Aktivierungssystem (RAS)

Wir haben in unserem Gehirn ein System, das unter anderem alle für uns wichtigen Informationen, die wir mit unseren Sinnen empfangen, herausfiltert. Um dies zu illustrieren, ein kleines Spiel:

Wahrscheinlich sitzt du gerade in einem Zimmer. Sieh dich doch einmal für einige Sekunden in diesem Raum um und nimm Notiz von all den Dingen, die »blau« sind ... Jetzt schließe deine Augen und denke intensiv an die Farbe Blau. Sage innerlich immer wieder das Wort »blau« für einige Sekunden, und wenn du die Farbe klar vor deinem inneren Auge hast, öffne deine Augen und sieh dich wieder in deinem Zimmer um mit dem Fokus auf allem, was blau ist.

Du wirst jetzt sehr viel mehr blaue Dinge »gefunden« haben als zuvor. Oder? »Blau« war jetzt wichtig für dich, und dein RAS hat diese Dinge jetzt herausgefiltert.

Man könnte es auch so ausdrücken, dass deine Frequenz jetzt auf »blau« eingestellt war und du diese Dinge jetzt »empfangen« hast. Deshalb ist es auch so wichtig, dass du immer wieder in die Frequenz bzw. Schwingung deiner Wünsche gehst. Dein RAS wird dir dann helfen, den Weg dahin zu finden, und dir auch mitteilen, wenn du »angekommen« bist.

Was heißt das nun alles für das Gesetz der Anziehung?

Wenn sich Energie allein durch unsere Beobachtung materialisiert, Raum und Zeit nicht existieren, wir mit allen und allem verbunden sind, Gleiches wiederum Gleiches anzieht und jeder von uns *seine* Realität immer wieder im Hier und Jetzt neu erschafft, so ist dies eine gute Grundlage dafür, dass wir mit unseren Gedanken und Gefühlen (auch Energie) Dinge in unser Leben ziehen, ja buchstäblich manifestieren können.

Und wir tun dies in jedem Augenblick unserer Existenz! Du bist es, der dieses Buch, den Tisch, den Stuhl, den Fernseher usw., ja, deine ganz persönliche Realität aus der Möglichkeit/Wahrscheinlichkeit »herausholt« und im Hier und Jetzt manifestiert.

Du bist der Schöpfer!

Du bist der Schöpfer!

Du bist der Schöpfer!

Mein guter Freund Rainer (ich nenne ihn auch meinen spirituellen Lehrer) erzählt mir oft von seinen Erlebnissen in Indien. Diese Geschichten klingen so unglaublich, doch ich bin mir heute sicher, dass sie der Wahrheit entsprechen.

Gesetz der Anziehung

Alles ist mit allem verbunden.

Alles existiert nur im Hier und Jetzt.

Gleiches zieht Gleiches an.

Retikuläres Aktivierungssystem (RAS)

Gedanken und Gefühle sind Energie.

Energie materialisiert sich durch Beobachtung.

Jeder erschafft *seine* Realität.

Nicht nur in Indien gibt es Meister, die materialisieren können. Ob es sich dabei um einen Ring, einen Anhänger oder ein goldenes Ei handelt, spielt dabei keine Rolle. Aus dem Nichts erschaffen sie diese Dinge.

In einer seiner Erzählungen ging es um einen Deutschen, der einen dieser Meister in seinem Ashram in Indien besuchte. Der Meister wollte wissen, ob er ihm einen Wunsch erfüllen könnte. Der Mann berichtete ihm, dass er sein Handy zu Hause in Deutschland vergessen hatte, und – auch wenn es ganz unglaublich klingt – innerhalb eines Augenblickes materialisierte sich dieses in des Meisters Hand.

In den letzten Wochen habe ich viele Bücher gelesen, die von solchen unglaublichen Dingen berichten, und viele davon sind wissenschaftlich belegt. All dies zeigt mir, dass die quantenphysikalischen Gesetze nicht nur im Mikrokosmos, sondern auch im Makrokosmos gelten und der menschliche Geist das Bindeglied dazwischen darstellt.

Wir nähern uns nicht nur dem Star-Wars-Universum von

George Lucas, wir befinden uns schon mittendrin. Schon heute gibt es Menschen, die Telepathie oder Telekinese beherrschen, und die »Macht« ist nichts anderes als das Meer von Energie, dessen Teil wir sind und das uns Möglichkeiten bietet, die wir heute vielleicht noch nicht einmal erahnen können.

Mein Tipp für dich:

Glaube jeden Tag etwas Unglaubliches!

Mach dir eine Liste mit all den unglaublichen Dingen, die du schon erlebt und von denen du gehört hast. Auch in den Büchern von Sharon Begley, Lynne McTaggart und Bärbel Mohr (siehe »Literatur« im Anhang) findest du viele Beispiele für solche unglaublichen Dinge.

> »Die Macht ist es, die dem Jedi seine Stärke gibt. Es ist ein Energiefeld, das alle lebenden Dinge erzeugen. Es umgibt uns, es durchdringt uns, es hält die Galaxis zusammen.«
> *Obiwan Kenobi zu Luke Skywalker*[1]

---

1 Aus *Star Wars IV:* »Die neue Hoffnung«

Das Gesetz der Anziehung (LOA)

> »Liebe ist die Anziehungskraft des Geistes, wie die
> Schwerkraft die Anziehungskraft der Körper ist.«
> *Valerie Marie Breton*

Bist du schon mal mit dem falschen Bein aufgestanden,
und der ganze Tag war eine Aneinanderkettung negativer
Ereignisse?

Hattest du schon mal eine Pechsträhne?

Gab es schon mal so etwas wie eine Glückssträhne in deinem Leben?

Hast du schon mal an jemanden gedacht, und diese Person
hat dich gleich darauf angerufen, oder du erhieltst eine
E-Mail oder einen Brief von ihr?

Hast du dich schon einmal für ein bestimmtes Thema begeistert und dann plötzlich viele Menschen mit dem gleichen Interesse kennengelernt?

⇨ *Gesetz der Anziehung!*

Schwangere sehen überall Babys.

Autokäufer sehen überall *ihr* Modell.

⇨ *Gesetz der Anziehung!*

Was ist Karma?

Was ist Schicksal?

Was ist Zufall?

Was ist Glück?

Was ist Pech?

⇨ *Gesetz der Anziehung!*

*Wir ziehen (manifestieren, materialisieren) die Dinge in unser(em)
Leben, mit denen wir uns in Resonanz (auf derselben Energieschwingung) befinden!*

Das Gesetz der Anziehung kennt kein »Gut« oder »Schlecht«

Ob wir uns auf etwas konzentrieren, das wir möchten, oder auf etwas, das wir *nicht* möchten: Das, worauf wir unsere Aufmerksamkeit richten, wird wachsen.

Energie folgt der Aufmerksamkeit!
Und:
Das, worauf wir unsere Aufmerksamkeit richten, wächst!

Das Gesetz der Anziehung kennt kein »Groß« oder »Klein«

Wir sind es, die etwas zu einer großen oder kleinen Sache machen. Für das Universum gibt es keinen Unterschied zwischen einer Zwei-Zimmer-Wohnung in der Stadt und einem 50-ha-Anwesen am Strand. Wir sind es, die glauben, das Erste wäre leichter zu erlangen als das Zweite. Das Erste zu bekommen können wir uns gut vorstellen, das Zweite liegt wahrscheinlich noch weit außerhalb unseres Glaubenssystems.

Das Gesetz der Anziehung kennt keine Zeit

Wir sind es, die glauben, dass manche Dinge mehr Zeit benötigen als andere. Für eine Grippe veranschlagen wir eine Woche, für einen Armbruch sechs bis acht Wochen. 10 000 € plus auf der Bank zu haben, können wir uns in einem Jahr vorstellen, 100 000 € eventuell in zehn, wenn überhaupt.

Die Wirklichkeit zeigt uns jedoch auch, dass dies nicht

so sein muss. Eine Grippe kann in wenigen Stunden heilen, ebenso wie ein Armbruch. Ob 10 000 oder 100 000 €, schon morgen oder in wenigen Tagen kann dieser Betrag auf unserem Konto sein, und zwar auf der Habenseite.

Das alles ist möglich!

Wir sind Teil eines Energiefeldes, das mit allen und allem verbunden ist und dessen Informations-(Energie-)Übermittlung mit Lichtgeschwindigkeit und schneller stattfindet.

Dies ist auch ein Erklärungsmodell für die nächste Grundannahme:

Das Gesetz der Anziehung kennt keine Entfernung

Wir sind es, die glauben, dass wir keinen Einfluss auf Dinge haben, die außerhalb unseres »Wirkungs«-Bereiches liegen. Dieser nimmt in unserer Vorstellung einen bestimmten Raum ein, den unser Glaubenssystem begrenzt. Wissenschaftliche Versuche zeigen jedoch, dass wir sehr wohl Einfluss haben (bzw. nehmen können) auf Ereignisse, die geografisch mehr oder weniger weit entfernt von uns stattfinden. Fernheilung, Telepathie und Telekinese sind gute Beispiele dafür. All diese Fähigkeiten schlummern in uns und sind nur durch unser Glaubenssystem begrenzt oder gar blockiert.

Diese Beispiele sind natürlich sehr imposant, doch schon im alltäglichen Leben zeigt sich manchmal, dass Entfernung Illusion ist. Wir denken an jemanden, und diese Person ruft uns nur Sekunden später an. Wir haben Streit mit jemandem, schließen mit diesem Menschen innerlich Frieden, und wenig später kommt ein Versöhnungsangebot von dessen Seite.

Mir geht es auch oft so: Wenn ich mir mal einen freien

Nachmittag wünsche, jedoch einen Kliententermin habe, sagt dieser Klient den Termin fast immer morgens oder kurz vorher telefonisch ab. Auch die Zeit, dieses Buch zu schreiben, habe ich mir so manifestiert. Nachdem die finanziellen Rahmenbedingungen von mir geschaffen waren, haben sich auch meine (zukünftigen) Patienten und Klienten der Situation »angepasst«. Während der intensiven Vorbereitung auf dieses Buch und dessen Schreiben gab es nur ein oder zwei Anfragen zwecks Therapie oder Coaching (diese konnte ich an Kollegen weiterleiten), und auch meine »alten« Klienten konnte ich vorher in Dankbarkeit verabschieden.

Diese Beispiele zeigen auch, dass wir es sind, die mit unseren Gedanken und Emotionen die jeweilige Resonanz und damit das Ergebnis erschaffen. Dies führt uns zur vielleicht wichtigsten Grundannahme des LOA:

DEINE jeweilige Situation, was immer sie auch sei, ist das direkte Resultat DEINER Gedanken, Gefühle und Handlungen und liegt damit zu 100 % in DEINER EIGENEN Verantwortung!

DEINE jeweilige Situation, was immer sie auch sei, ist das direkte Resultat DEINER Gedanken, Gefühle und Handlungen und liegt damit zu 100 % in DEINER EIGENEN Verantwortung!

DEINE jeweilige Situation, was immer sie auch sei, ist das direkte Resultat DEINER Gedanken und Emotionen und liegt damit zu 100 % in DEINER EIGENEN Verantwortung!

Wie geht es dir mit diesem Satz?

Für viele Menschen ist diese Aussage erst einmal ein kleiner Schock, da sie meist nicht gleich erkennen, wie viele

Möglichkeiten er ihnen bietet. Die erste Reaktion ist meist ein oder mehrere »Ja, aber ...«

Auch ich hatte viele dieser »Ja, aber ...«. Mit der Zeit erkannte ich jedoch, dass mir diese Annahme sozusagen die »Macht in *meine* Hände« spielte. Sie beförderte mich vom Opfer zum Schöpfer. Das Einzige, was sie mir raubte, waren Ausreden und negative Gefühle anderer gegenüber. Doch das konnte ich verschmerzen.

Bevor ich mich heute über eine Situation ärgere, frage ich mich erst einmal, mit welchen Gedanken und Emotionen ich diese erschaffen habe, und ändere meine Energie in Richtung: »Was möchte ich jetzt (stattdessen)? Wie möchte ich mich jetzt fühlen?«

Diese beiden Fragen werden auch dein Leben in eine positive Richtung lenken. Solltest du also zukünftig Situationen oder Emotionen erschaffen, die dir nicht gefallen, so stell dir selbst die Fragen:

Was möchte ich jetzt (stattdessen)?
Wie möchte ich mich jetzt fühlen?

Das Wichtigste hierbei ist, dass du eine »Hin-zu-Energie« mit deinen Antworten erzeugst. Diese müssen positiv formuliert sein, d. h. beschreiben, was du willst, und nicht, was du nicht (mehr) willst!

Überall gibt es Demonstrationen oder Bewegungen ...

- gegen Krieg
- gegen Drogen
- gegen Terror

- gegen Armut
- gegen Hunger
- usw.

Und sind diese Bewegungen erfolgreich? In meinen Augen nicht.

Mutter Teresa wurde einmal gefragt, ob sie nicht an einer

Demonstration gegen den Krieg teilnehmen wolle. Ihre Antwort war: »Gegen den Krieg, nein! Aber wenn ihr mal für den Frieden demonstriert, dann bin ich dabei.«

Wofür willst also du deine Energie einsetzen?
Gegen ein schlechtes Arbeitsklima oder für ein gutes?
Gegen dein Minus auf dem Konto oder für ein Plus?
Gegen Krankheit oder für Gesundheit?
Gegen deine kleine Zwei-Zimmer-Wohnung oder für ein eigenes Haus?
Gegen dein Single-Leben oder für eine harmonische Partnerschaft?

Eine »Hin-zu-Energie« ist immer viel stärker als eine »Weg-von-Energie«. Damit bist du sozusagen im Fluss und schwimmst oder ruderst nicht gegen den Strom.

Wie heißt es so schön:
Alles, was du dir wünschst, liegt flussabwärts!

DEINE jeweilige Situation, was immer sie auch sei, ist das direkte Resultat DEINER Gedanken, Gefühle und Handlungen und liegt damit zu 100% in DEINER EIGENEN Verantwortung!

DU kannst sie ändern!

LOA vs. Bestellungen beim Universum

Vielleicht kennst du die Bücher von Bärbel Mohr zum Thema »Bestellungen beim Universum«[1]? Für mich waren diese Bücher vor vielen Jahren sozusagen der Einstieg in die »Schule des Wünschens«.

Meine Interpretation der »Bestellungen« ist folgende:

Das Universum ist ein Versandhaus, ich kann mir bei diesem alles bestellen, was ich mir wünsche, und wenn es nicht liefert, dann kann ich reklamieren. Nach dem Bestellen oder Reklamieren ist es meine Aufgabe, loszulassen (nicht mehr an die Bestellung zu denken) mit der Gewissheit: »Es ist auf dem Weg!«

Ich habe damals, noch bevor ich das LOA kannte, mit dieser Methode experimentiert und hatte auch Erfolge bei den »kleinen« Dingen des Alltags, doch bei den »großen« Dingen waren die Erfolge sehr bescheiden. Was ich mir bis heute bewahrt habe, ist das Bestellen von Parkplätzen. Das funktioniert bei mir fast zu 100 %. Danke, Bärbel Mohr.

Was war nun mein »Fehler« beim Bestellen der großen, mir wirklich wichtigen Dingen, und was ist der Unterschied zwischen LOA und Bestellungen?

Zum Ersteren lässt sich sagen, dass ich massive Probleme damit hatte, gerade diese »großen« Dinge nach der Bestellung oder Reklamation loszulassen. Ein Parkplatz ist eine Sache, ein größerer Geldbetrag beispielsweise eine andere, wenn man tagtäglich mit einer leeren Brieftasche, einem leeren Bankkonto oder notwendigen hohen Ausgaben konfrontiert wird. Meine Zweifel, diese mir wichtigen, großen Dinge »geliefert« zu bekommen, waren natürlich größer

---

1 Bärbel Mohr: *Bestellungen beim Universum*; *Reklamationen beim Universum*. Nähere Angaben zu allen im Text genannten Büchern, E-Books und Filmen finden Sie unter »Quellen« im Anhang.

als bei den kleinen Dingen des Alltags. Und es gab auch Bestellungen, die ich sozusagen für andere tätigte, meist in Richtung Gesundheit.

Diese drei Faktoren könnten aus meiner heutigen Sicht ausschlaggebend für meine Misserfolge gewesen sein, und damit komme ich auch schon zu den Unterschieden, die ich zwischen den »Bestellungen« und dem »Gesetz der Anziehung« sehe. Ich stelle dabei insbesondere die Punkte heraus, die das LOA charakterisieren und zeigen, dass es sich um zwei grundverschiedene Ansätze handelt.

Der Hauptunterschied ist der, dass wir beim LOA erst eine Resonanz *bei uns selbst* zum jeweiligen Wunsch erzeugen. Dies tun wir auf der gedanklichen und emotionalen Ebene. Die Resonanz wiederum holt nun das, was wir wollen, aus der Wahrscheinlichkeit in die Realität. Wir erschaffen *unser* Universum und alles, was sich darin jemals befand, befindet oder befinden wird.

Die Wichtigkeit der *emotionalen Beteiligung* beim LOA ist ein weiteres Unterschiedskriterium. Insbesondere bei den »großen« Dingen gehen wir beim Gesetz der Anziehung auch *immer wieder* in die Resonanz von dem, was wir möchten. Wir stellen uns vor, dass dieses sich bereits erfüllt hat oder sich im Prozess der Manifestation befindet. Jedes Mal, wenn wir mit unseren Gedanken und Emotionen in diese Schwingungsfrequenz gehen, verdichten wir das Energiefeld unseres Wunsches bis zu dessen Materialisation.

Indem wir bei uns eine Resonanz erzeugen, sind wir auch *optimal vorbereitet* auf das, was wir erschaffen. Dieses wird erst dann zu unserer Realität werden, wenn keine Widerstände oder Zweifel diesbezüglich bei uns existieren, wir also bereit sind. Ob dies bei jeder gelieferten »Bestellung« der Fall ist, erscheint mir zweifelhaft.

Beim Gesetz der Anziehung richten wir unsere Wünsche und Ziele nach unseren Werten und unserer Bestimmung aus und nach dem Prinzip »Was wünsche ich mir von ganzem Herzen?«. Zusätzlich erhöhen wir unsere allgemeine Schwingungsfrequenz, indem wir eine Grundschwingung von Dankbarkeit aufbauen, was das Manifestieren sehr erleichtert. Durch das wiederholte Hineingehen in die Resonanz unseres Zieles richten wir auch unsere *Antenne* (RAS) aus.

Eine Krankheit wird vielleicht erst dann heilen, wenn wir den geeigneten »Heiler« finden, der Traumpartner wird erst erscheinen, wenn wir uns zur richtigen Zeit am richtigen Ort befinden, und für die 100 000 € brauchen wir eventuell erst einmal eine fantastische Geschäftsidee. Mithilfe des Gesetzes der Anziehung ziehen wir folglich Menschen, Personen, Ideen, Methoden und Dinge in unser Leben, die uns bei der Erreichung unserer Ziele unterstützen, ja diese erst ermöglichen. Unser RAS hilft uns dabei, diese Möglichkeiten zu erkennen, und unsere Emotionen helfen uns, die richtige »Tür« zu wählen.

Damit komme ich zum Thema Handeln. Wenn wir unsere Antenne immer wieder ausrichten, werden sich Möglichkeiten bieten, die wir natürlich ergreifen sollten. Die Motivation sollte hierbei von innen und nicht von außen kommen. Man nennt dies auch *inspiriertes Handeln*.

Loslassen beim LOA bedeutet, für jede Möglichkeit der Manifestation offen zu sein und der eigenen Schöpfungskraft zu vertrauen. Jeder Wunsch wird in der perfekten Art und Weise und zum perfekten Zeitpunkt Teil der Realität werden.

Das Gesetz der Anziehung ist für mich mehr als eine Technik, die uns erlaubt, unsere Ziele zu verwirklichen. Es ist ein Gesetz, und sobald wir dieses erst einmal verinnerlicht haben, befinden wir uns schon auf einer höheren Bewusstseinsstufe. Hier sehen wir vieles mit anderen Augen, wenn wir erkennen, dass Dinge, Situationen, Tiere, Pflanzen und andere Menschen in unserem Universum ein Spiegelbild und eine Schöpfung von uns selbst sind, dass wir sie sind und dass sie wir sind.

LOA und »Bestellungen beim Universum« sind zwei verschiedene Ansätze, nicht mehr und nicht weniger. Beide sind wertvoll, weil sie uns Möglichkeiten eröffnen, unsere Wünsche wahr werden zu lassen.

LOA vs. positives Denken

Im Gegensatz zum »positiven Denken« ist für mich das Gesetz der Anziehung *positives Fühlen*.

Stell dir vor, du bist unzufrieden mit deinem Aussehen und wählst eine Affirmation wie: »Ich bin attraktiv! Ich bin wunderschön!« Du stellst dich vor einen großen Spiegel, am besten noch nackt, und wiederholst diese Affirmation laut immer und immer wieder. Noch während des Aussprechens kommen Gedanken in dein Bewusstsein wie:

»Was für ein dicker Bauch!«

»Und dieser schwabbelige Hintern!«

»Und diese riesige Nase!«

Was für ein Gefühl geben dir wohl diese Gedanken, die oftmals auch noch unbewusst sind? Und was wirst du dann erschaffen oder in dein Leben ziehen? Mehr von dem, worauf deine Aufmerksamkeit liegt, und mehr Situationen, in denen du dich so fühlen wirst.

Gedanken und Affirmationen sind nur dann positiv, wenn sie von positiven Gefühlen begleitet werden!

Gedanken und Affirmationen sind nur dann positiv, wenn sie von positiven Gefühlen begleitet werden!

Gedanken und Affirmationen sind nur dann positiv, wenn sie von positiven Gefühlen begleitet werden!

Anhänger des positiven Denkens werden jetzt wohl erwidern, dass man eine Affirmation nur oft genug aussprechen muss, damit sich dieses Gefühl irgendwann einstellt. Doch wann ist dieser Fall? Und wird die Person, die mit diesen Affirmationen arbeitet, so lange »durchhalten«?

Es gibt ein Buch mit dem Titel: *Positives Denken macht krank*[1]. Sollte man mit Affirmationen bzw. Gedanken arbeiten, die negative Gefühle »im Schlepptau« haben, so kann dies durchaus der Fall sein. Wenn mir beispielsweise die Affirmation »Ich bin attraktiv« jedes Mal ein mieses Gefühl vermittelt, so werde ich mehr Dinge in mein Leben ziehen, die mich so mies fühlen lassen. Und das kann natürlich krank machen. Dies kann ebenfalls der Fall sein, wenn ich glaube, dass jeder negative Gedanke schädlich für mich ist und es darum wichtig ist, nur noch positive Gedanken zu haben.

Im Buch *The Secret – Das Geheimnis*[2] heißt es, dass positive Gedanken (Gedanken, die von positiven Gefühlen begleitet werden) hundertmal mehr Energie besitzen als negative Gedanken (Gedanken, die von negativen Gefühlen begleitet werden). Warum ist dies der Fall?

Unser übergeordnetes »Betriebssystem« ist auf Glück, Gesundheit, Reichtum, Frieden, Vollkommenheit, Schönheit, Harmonie und Freude eingestellt. Dies ist sozusagen die primäre »Programmierung« für unser Leben. Jeder Gedanke und jedes Gefühl, welches dieser nicht entspricht, hat es umso schwerer, sich zu verwirklichen, weil er oder es gegen den Strom schwimmt. Positive Gedanken und Ge-

---

1 Autor: Günther Scheich. Siehe »Quellen« im Anhang.
2 Autorin: Rhonda Byrne. Siehe »Quellen« im Anhang.

fühle sind hingegen kompatibel mit unserem Betriebssystem, fließen mit dem Fluss und haben deshalb umso mehr Kraft und Energie.

Beim Gesetz der Anziehung arbeiten wir natürlich auch mit positiven Affirmationen und Gedanken. Diese setzen wir aber nur und erst dann ein, wenn sie dem Kriterium entsprechen:

Gedanken und Affirmationen sind nur dann positiv, wenn sie von positiven Gefühlen begleitet werden!

Dies erreichen wir mithilfe von speziellen Formulierungen und dadurch, dass wir die sich im »Schlepptau« befindenden negativen Gedanken und Emotionen mit einfachen Techniken beseitigen oder loslassen und sich damit das positive Fühlen einstellt.

Positive Gedanken und Gefühle haben hundertmal mehr Kraft und Energie als negative.

Du kannst dich also ruhig zurücklehnen, auch wenn du mal etwas Negatives denkst oder fühlst. Stell dir vor, du erhöhst die Anzahl positiver Gedanken und Gefühle täglich oder auch nur wöchentlich um ein Prozent, wo wärst du dann in hundert Tagen bzw. Wochen? Und selbst nur dieses eine Prozent wird sich garantiert positiv auf dein Leben auswirken.

2. Das LOA-Spiel

Das Spielzubehör

Das Buch

Es ist sozusagen das Kernstück des LOA-Spiels. Abgesehen davon gibt es jedoch noch weiteres Zubehör, das es dir erleichtert, erfolgreich zu sein:

Die beigefügte CD (im Lieferumfang enthalten)

Auf dieser CD findest du unter anderem Übungen, die es dir erlauben, negative Emotionen und Glaubenssätze zu beseitigen bzw. loszulassen und positive Gefühle und Überzeugungen zu stärken. Alle diese Übungen findest du natürlich auch im Buch. Du wirst jedoch feststellen, dass deren Effektivität steigt, wenn du sie, insbesondere zu Beginn, mithilfe der CD durchführst.

LOA-Forum

In diesem Forum hast du die Möglichkeit, dich mit Gleichgesinnten auszutauschen: *www.loa-forum.de*

LOA-Telefonkonferenzen

Im vierwöchigen Abstand biete ich seit Ende 2006 LOA-Telefonkonferenzen an. Sollten Fragen in Bezug auf LOA und dieses Buch auftauchen, so hast du hier die Möglichkeit, mir diese zu stellen. Diese Telefonkonferenzen sind bis auf die Telefongebühren (9 Cent pro Minute aus dem deutschen Festnetz) kostenfrei. Weitere Infos und die Termine diesbezüglich findest du auf meiner LOA-Homepage: *www.lawofattraction.de*

LOA-Seminare und -Coachings (optional)

Auf der LOA-Homepage findest du ebenfalls die Termine meiner LOA-Seminare. Des Weiteren biete ich auch Einzel-Coachings an.

LOA-Tagebuch (optional)

Ich empfehle dir wärmstens die Anschaffung eines »Tagebuchs«. Dies kann ein einfacher Block sein oder auch ein Tagebuch oder Ordner. In dieses kannst du dann all deine positiven Erfahrungen eintragen und es gleichermaßen auch für die Übungen in diesem Buch verwenden.

Formulare für Übungen

Unter *www.lawofattraction.de* findest du auch Vordrucke, die auf einige der spezifischen Übungen des Buches abgestimmt sind. Sie sind im PDF-Format und kostenfrei. Ich empfehle dir, diese Dateien jetzt gleich herunterzuladen und auszudrucken. Solltest du keinen PC besitzen oder nicht im Internet unterwegs sein, so kennst du bestimmt jemanden, der dir dabei hilft.

Bücher, Videos und Links (optional)

Im Anhang dieses Buches findest du eine Liste mit Büchern, Filmen und Links, die ebenfalls dein Spiel unterstützen können.

Spielregeln

1. Regel: *Hab Spaß dabei!*
2. Regel: *Hab Spaß dabei!*
3. Regel: *Hab Spaß dabei, Regel 1 und 2 einzuhalten!*

Um den Spaßfaktor zu erhöhen, kannst du dieses Spiel natürlich auch mit anderen spielen. Sicherlich kennst du ein paar Gleichgesinnte, mit denen du dich hierfür gerne einmal die Woche treffen würdest. Im Abschnitt »Gruppen-LOA« findest du hierfür Anregungen.

Spielaufbau

Im Kapitel 3, *Spielhelfer*, lernst du einfache Techniken, die dir helfen, negative Emotionen und Widerstände, die während des Spiels auftauchen, aus dem Weg zu räumen. Die beigelegte CD kann dir dabei zusätzlich helfen.

In Kapitel 4, *Spielvorbereitung*, geht es darum, deine allgemeine Schwingung zu erhöhen und dir klar darüber zu werden, was deine Bestimmung ist, was dir wichtig ist und was dir Spaß und Freude macht. In diesem Abschnitt wirst du auch aufgefordert, deinen Spielbereich (z. B. Gesundheit, Beruf/Finanzen, Beziehung/Partnerschaft) für die erste Spielrunde festzulegen.

Das Spiel beginnt in Kapitel 5. Hier wirst du in die Grundschritte des LOA-Spiels eingeführt und kannst diese sofort auf ein von dir gewählten Ziel anwenden.

Spielverderber, die oftmals während des Spiels auftreten, sind das Thema des 6. Kapitels. Hier lernst du diese zu identifizieren, aus dem Spiel zu räumen und durch hilfreiche Optionen zu ersetzen. Das wird dein Spiel verbessern und deine Erfolgsquote erhöhen.

Kapitel 7 geht auf die primären fünf *Spielbereiche* ein.

Das kann dir helfen, dir über dein Spielziel klarer zu werden und dieses besser zu formulieren. Spezifische Tipps werden das zudem noch unterstützen.

Kapitel 8 befasst sich mit der *Kraft des Gebens* und Annehmens.

LOA-Spiel im Alltag ist Thema des 9. Kapitels. Hier findest du Anregungen, wie du LOA in verschiedene Aspekte deines Lebens integrieren kannst.

Im 10. Kapitel geht es um *Das ultimative Ziel – Glücklichsein.* Was bedeutet dies, und gibt es Wege, es mit LOA zu erreichen? Hier findest du meine Interpretation und diesbezügliche Vorschläge.

In Kapitel 11, *Weltfrieden,* stelle ich mein Projekt »18 Uhr: 3 Minuten für den Frieden« vor, das mir sehr am Herzen liegt.

Kapitel 12 beschließt dieses Buch mit *häufig gestellten Fragen* (und Antworten).

Spielablauf

Für dieses Spiel habe ich eine Reihenfolge gewählt, die mir sinnvoll erscheint und sich bewährt hat. Um Zeit zu sparen, würde ich dir empfehlen, das Lesen gleich mit den Übungen zu verbinden. Natürlich kannst du dir auch zuerst einen Überblick über das Spiel verschaffen oder zwischendurch zu dem Abschnitt springen, der dich gerade interessiert. Die Reihenfolge der Übungen solltest du jedoch einhalten.

Mein Anliegen ist es, dir möglichst viele Möglichkeiten an die Hand zu geben. Experimentiere mit diesen und wähle dann diejenigen, die dir am meisten Spaß machen und damit auch die höchste Erfolgschance haben.

Bei vielen dieser Übungen wirst du aufgefordert, das eine oder andere zu notieren, also schriftlich festzuhalten. Das Aufschreiben insbesondere deiner Ziele unterstützt deren Manifestation. Wenn zehn Menschen ihr Ziel nicht erreicht haben und man sie fragt: »Hast du es auch aufgeschrieben?«, so antworten neun der zehn: »Nein!«

Sollten während des Spiels Fragen auftauchen oder es sich nicht so gestalten wie gewünscht, so findest du unter »Spielzubehör« hilfreiche Unterstützung. Du wirst zudem feststellen, dass sich wichtige Aussagen im Buch wiederholen. Dies ist beabsichtigt und dient der Vertiefung der jeweiligen Ansichten und Erkenntnisse.

Spielzeichen

Für die Übungen habe ich folgende Symbole gewählt:

☺   ist das Symbol für ein Spiel bzw. eine Übung.

     heißt: Bei dieser Übung gibt es etwas zu notieren.

     heißt: Diese Übung findest du auf der CD.

Hab Spaß dabei!

Ich kann diese Hauptregel gar nicht oft genug wiederholen.

In vielen Experimenten wurde festgestellt, dass ein Erzwingen kontraproduktiv ist.

Lass dir Zeit, vertraue dem Prozess, deiner Schöpferkraft und der Weisheit deines Universums.

>»Vertraue der Macht! Gib dich der Macht hin!«
>*Obiwan Kenobi zu Luke Skywalker*[1]

Spielzeiten

Eine Frage, die mir immer wieder in meinen Seminaren und LOA-Trainings gestellt wird, ist die nach dem täglichen Zeitaufwand. Wie schnell du dieses Spiel spielst, das heißt, dieses Buch liest und die empfohlenen Übungen durchführst, das ist deine Entscheidung. Wenn du jedoch dein Ziel oder deine Ziele formuliert hast und ans Manifestieren (in die Schwingungsfrequenz deines Ziels) gehst, was du möglichst oft machen solltest, so kostet dich dies *keine* Zeit.

Wieso?

Ganz einfach. Du verwendest hierzu die Zeit, die du normalerweise dazu verwendest, um

- dir Sorgen zu machen,
- mit anderen über deine Probleme zu reden,

---

1 Aus *Star Wars IV*: »Die neue Hoffnung«

- dich mies und schlecht zu fühlen,
- dich zu ärgern, wütend zu sein, Schuld zu empfinden usw.,
- dich auf das zu konzentrieren, was du *nicht* willst oder hast.
- usw.

Und jetzt stellt dir einmal vor, du würdest all diese Zeit dazu verwenden, eine positive Schwingung auszustrahlen, indem du dir vorstellst, dein/e Ziel/e erreicht zu haben, mit anderen Menschen darüber redest, dich gut fühlst und dankbar für das bist, was du hast und haben wirst, dich also auf die Dinge konzentrierst, die du wirklich haben willst mit deinen Gedanken und Gefühlen.

Was wäre wohl das Ergebnis?

Notiere bitte alle Zeiten, die dir einfallen, bei denen du die Möglichkeit hast, positive Schwingungen auszustrahlen um deine Wünsche zu manifestieren. Während des Tages gibt es immer wieder »Warte«-Zeiten, die du dafür verwenden kannst wie beispielsweise: vorm Aufstehen, beim Zähneputzen, auf der Toilette, bei Warten auf den Kaffee, im Auto, Bus oder Zug auf dem Weg zu oder von der Arbeit, beim Warten auf einen Klienten, aufs Essen, an der Kasse, beim Fernsehen während der Werbung, beim Arzt im Wartezimmer, beim Sport, Spazierengehen, vorm Einschlafen usw.

Notiere jetzt all diese Gelegenheiten, und du wirst überrascht sein, wie viele Minuten, ja Stunden sie dir für die Manifestation deiner Ziele schenken.

Spielziel

So wie ich mir bestimmte Ziele mit dem Schreiben dieses Buches gesetzt habe, so hast du es gewiss auch aus ganz bestimmten Gründen gekauft. Bevor wir zu deinen Motiven kommen, möchte ich dir erst einmal meine vorstellen. Meine Buchziele:

LOA – Das Gesetz der Anziehung bietet jedem auf spielerische Art und Weise eine effektive Blaupause zum Erreichen seiner Ziele.

LOA – Das Gesetz der Anziehung hilft Menschen, eine höhere Bewusstseinsstufe zu erreichen.

LOA – Das Gesetz der Anziehung verhilft Menschen zu einem erfüllten, glücklichen Leben.

LOA – Das Gesetz der Anziehung ist ein Buch voller positiver Energien, Erkenntnissen und Dankbarkeit.

LOA – Das Gesetz der Anziehung befindet sich auf einer Stufe mit den inspirierendsten Büchern aller Zeiten.

LOA – Das Gesetz der Anziehung ist ein Best- und Longseller.

Notiere jetzt bitte deine Antworten auf die folgenden Fragen. Formuliere diese in der Gegenwartsform und positiv.

Was willst du mit diesem Buch erreichen?

Stell dir einmal vor, es hätte all deine Erwartungen weit übertroffen: Wie würdest du dich dann fühlen, und was wäre besser in deinem Leben?

Gehe jedes Mal, bevor du dieses Buch aufschlägst, für einige Augenblicke in die positive Energie dieser Antworten und fühle die Begeisterung, die dies in dir weckt.

Du hast dieses Buch in dein Leben gezogen und bist auch dafür verantwortlich, welche Resultate du damit erreichst. Indem du jetzt schon dein Wunschergebnis ausstrahlst, wird sich dieses auch in der Zukunft einstellen.

Optional könntest du schon jetzt eine Rezension zu diesem Buch schreiben. Wie würde diese lauten, wenn es alle deine Erwartungen übertroffen und dir bei der Erfüllung deiner Herzenswünsche geholfen hätte?

Schreibe diese Rezension auf eine Seite eines kleinen Kärtchens und nimm dieses als Lesezeichen. Die Rückseite könntest du für positive Wörter verwenden wie: Glück, Harmonie, Dank, Liebe, Reichtum, Kraft, Vollkommenheit usw. Oder male ein Smiley ☺ darauf, das dich immer wieder daran erinnert, dass ein kleines Lächeln der erste Schritt zu einem positiveren Gefühl ist.

3. Spielhelfer

> »Bedingungslose positive Zuwendung:
> Die seelische Hilfe gelingt dann am ehesten,
> wenn der Helfer diese Haltung bringt.«
> *Carl R. Rogers*

In diesem Abschnitt werde ich dir einige einfache Techniken vorstellen, die dir nicht nur helfen, unerwünschte Emotionen aufzulösen, sondern auch spezifische mentale Blockaden schon vor bzw. während der Manifestation zu überwinden. Diese Methoden stammen unter anderem aus der sogenannten Energetischen Psychologie (EP) und dem Neurolinguistischen Programmieren (NLP). Ich empfehle dir, alle diese Verfahren auszuprobieren und dich dann für dasjenige bzw. diejenigen zu entscheiden, welche dir am meisten Spaß machen und für dich am effektivsten sind.

Wichtige Hinweise: Die in diesem Buch vorgestellten Methoden sind kein Ersatz für eine medizinische oder psychotherapeutische Behandlung. Sprich bitte mit deinem Arzt oder Therapeuten, bevor du sie als Selbsthilfe-Instrument bei einer Beschwerde mit Krankheitswert anwendest.
Wende sie *nicht* alternativ, sondern am besten *zusätzlich*

zu einer schulmedizinischen oder therapeutischen Behandlung an. Auch wenn viele Menschen schon beeindruckende Ergebnisse mit diesen Techniken erzielt haben, kann nicht garantiert werden, dass auch du deine Ziele erreichen wirst und dies so schmerzfrei verläuft wie bei den meisten Anwendern.

Weder der Entwickler dieser Methoden, der Autor Christian Reiland, noch der Verlag können für eventuelle negative Folgen der Anwendung haftbar gemacht werden. Die Verantwortung für dein emotionales wie auch körperliches Wohlbefinden trägst du zu 100 % selbst.

Solltest du keinen oder wenig Erfolg haben, sollten sich unerwünschte Nebenwirkungen einstellen, oder sollte dein gesunder Menschenverstand dir raten, Hilfe in Anspruch zu nehmen, so wende dich an einen erfahrenen Spezialisten.

Es gibt viele Möglichkeiten, diese Techniken zu präsentieren. Der Autor zeigt dir in diesem Buch, wie er sie seinen Patienten, Klienten und Seminarteilnehmern vermittelt. Einige der hier vorgestellten Modifikationen, Anregungen und Techniken beruhen auch auf Erfahrungswerten des Autors.

Stell dir vor, eine der in diesem Spielabschnitt vorgestellten Methoden oder eine selbst kreierte Kombination dieser Techniken wäre genau die richtige für dich. Stell dir vor, du könntest damit schnell und effektiv all deine emotionalen Probleme auflösen und positive Gefühle verstärken. Und stell dir vor, du würdest diese Methode oder Kombination sofort erkennen.

Wie fühlst du dich jetzt bei diesen Gedanken?

Gehe für ein bis zwei Minuten in diese Vorstellung, diese positive Emotion und beschließe diese mit dem Gefühl der Dankbarkeit.

Emotional Freedom Techniques (EFT)

> »Try it on everything! – Versuch es mit allem!«
> *Gary H. Craig*

EFT ist wohl die bekannteste Methode aus dem Bereich der Energetischen Psychologie. Von Gary H. Craig Anfang der Neunzigerjahre in den USA entwickelt, kann man EFT als eine emotionale Version von Akupunktur verstehen. EFT wird auch unter der Bezeichnung »Klopfakupressur« im deutschsprachigen Raum immer bekannter. Ich bin sicher, dass viele Leser und Leserinnen diese wundervolle Technik bereits kennen. Sollte dies bei dir nicht der Fall sein, so empfehle ich dir mein Buch: *EFT – Klopfakupressur für Körper, Seele und Geist* (siehe »Quellen« im Anhang).

Wegen der Komplexität von EFT habe ich mich entschlossen, in diesem Buch nicht auf EFT einzugehen, und mich für einfachere Methoden entschieden. Komplexität ist hier relativ gemeint. EFT ist an sich eine einfache, leicht zu erlernende Methode, komplex nur im Unterschied zu den folgenden näher beschriebenen Verfahren.

Physiologie und Musterunterbrecher

Dieser Aspekt wird meines Erachtens leider zu oft vergessen, wenn es um Methoden zur Veränderung des Verhal-
tens und des emotionalen Zustands geht. Musterunterbre-
chungen und der Einsatz der Physiologie (wird beides im
Folgenden erklärt) bieten uns diesbezüglich wunderbare
Werkzeuge.

Wir wählen in jeder Situation immer die beste der uns *zur
Verfügung stehenden* Möglichkeiten. Dies ist jedenfalls eine
der Grundannahmen des NLP. Je älter bzw. erfahrener wir
werden, desto mehr Möglichkeiten sollten wir eigentlich haben, und trotzdem reagieren wir oft so wie im Kindesalter.

Hast du schon einmal einen Streit zwischen Erwachse-
nen beobachtet und innerlich gedacht: »Wie im Kindergar-
ten!« Du kannst sicher sein, dass andere dies auch schon
bei einigen deiner Auseinandersetzungen dachten. Warum
ist dies so? Warum reagieren wir in bestimmten Situationen immer wieder auf die gleiche oder ähnliche infantile
Art und Weise? Warum haben wir als Erwachsene Angst
vor kleinen Spinnen und bekommen schweißnasse Hände
schon bei dem Gedanken, einen Fremden, der uns gefällt,
anzusprechen?

Konditionierung

Konditionierung schneidet uns von anderen, besseren Möglichkeiten ab. Wir haben diese in bestimmten Situationen
einfach nicht mehr zur Verfügung und laufen gewisserma-
ßen auf Autopilot. Dabei ist Konditionierung für viele Dinge sehr nützlich. Wer einmal eine heiße Herdplatte berührt
oder in eine unter Strom stehende Lampenfassung gefasst
hat, der weiß für den Rest seines Lebens: »Lass das!«

Viele unserer Konditionierungen sind jedoch kontraproduktiv, und mithilfe der Physiologie und der Musterunterbrecher können wir diese aufheben. (Wenn ich von Physiologie spreche, dann schließe ich Mimik und Stimmeinsatz mit ein.)

 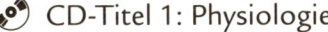 CD-Titel 1: Physiologie

1. Position
Setze dich hin, Unterarme auf den Oberschenkeln (auf Kniehöhe), lass Kopf, Mundwinkel, Schultern und Hände hängen und schaue nach unten auf den Fußboden.
Wie ist jetzt dein emotionales Befinden?

2. Position
Und jetzt lehne dich in deinem Stuhl, Sessel oder deiner Couch zurück, verschränke deine Finger hinter deinem Kopf, lege diesen in deine Hände, ziehe die Augenbrauen nach oben, schaue zur Decke, lächle und atme tief ein und aus.
Wie fühlst du dich jetzt?
Normalerweise ist es so, dass man sich in der zweiten Position wesentlich besser fühlt. Teste jetzt noch zwei andere Varianten:
Denke einmal in der ersten Position an etwas Trauriges und tue das Gleiche in der zweiten Position.
Du wirst feststellen, dass du in der ersten Haltung diese Traurigkeit fühlen kannst, dir dies in der zweiten Körperhaltung fast unmöglich ist.
Und jetzt der ultimative Test:
Denke in der ersten Position an etwas Erfreuliches und in der zweiten an etwas Trauriges. Was fühlt sich besser an?
Wenn du deine Physiologie, wie beschrieben, in beiden

Fällen einhalten konntest, so kann es gut sein, dass sich die traurigen Gedanken besser anfühlen als die erfreulichen.

Wie kommt das?

Gedanken beeinflussen die Physiologie, wie auch umgekehrt.

Um z. B. traurig zu sein, brauchen wir erst einmal traurige Gedanken. Diese führen zu einer »traurigen« Physiologie und diese wiederum zum Fühlen der Traurigkeit. In einer freudvollen Physiologie hat ein trauriger Gedanke dagegen nur eine sehr kurze Halbwertzeit.

Das emotionale Feedback von Gedanken wird also zu großen Teilen von der Physiologie bestimmt. Dies können wir nutzen, nicht nur um negative Konditionierungen und Zustände aufzulösen, sondern auch um positive zu verstärken. Und das hat im Erfolgsfalle nicht nur positive emotionale, sondern auch neurologische Auswirkungen.

Die Neurologie der Konditionierung

Diesen Punkt werde ich dir mithilfe eines Beispieles und einer Metapher veranschaulichen.

Das Beispiel:

Hans liebte als Kind Hunde. Er war voller Vertrauen, was diese Vierbeiner betrifft, bis er im Alter von acht Jahren von einer wilden Promenadenmischung gebissen wurde. Danach entwickelte er zunehmend eine Angst vor Hunden. Heute ist diese Phobie so groß, dass allein schon der Gedanke an einen Hund Paniksymptome bei ihm auslöst und er eine Hundehaarallergie entwickelt hat.

Was ist hier neurologisch passiert?

Stell dir einmal das Gehirn wie einen Dschungel vor. In diesem Dschungel gibt es undurchdringliches Dickicht,

Verbindungen wie schmale und breitere Fußwege, Fahrradwege, Land-, Kreis-, Bundesstraßen und Autobahnen, vier- und sechsspurig.

Hans hatte, bis zu dem Hundebiss, eine neurologische Autobahn in seinem Kopf, was das Vertrauen und die Liebe zu Hunden betrifft.

Mit dem Biss wurde der Verkehr auf dieser Straße schlagartig eingestellt und dafür weit entfernt ein Fußweg durch das Dickicht eröffnet mit dem Namen: *Angst vor Hunden.* Jeder angstvolle Gedanke an diese schlimme Erfahrung und überhaupt an Hunde verbreiterte im Laufe der Zeit diesen Weg, er wurde asphaltiert und aufgrund des hohen Verkehrsaufkommens schließlich zur Autobahn ausgebaut.

Die Autobahn »Ich liebe Hunde und vertraue ihnen!« ist mittlerweile zugewachsen und ein Teil des Dschungels geworden. Oder anders ausgedrückt: Die neurologische Verbindung des Gedankens »Hund – Emotion: Liebe, Vertrauen« ist dem Gedanken »Hund – Emotion: Angst, Panik« gewichen.

Was könnte Hans nun tun, um diese neue Autobahn stillzulegen und die alte wieder zu eröffnen?

Das Mittel der *Musterunterbrechung* wäre hier eine Option. Als Musterunterbrechung (MU) wird alles bezeichnet, was ein festes neurologisches Muster bzw. ein Reiz-Reaktions-Schema unterbricht.

Gehen wir einmal von dem folgenden Reiz-(Gedanke-) Reaktions-(Emotions-)Schema aus:

Reiz	*Physiologie*	*Reaktion*
Gedanke an einen Hund oder den Anblick eines Hundes	Muskeln verspannen sich, flacher, schneller Atem bis Hyperventilation	Panik- und Allergiesymptome, Ängste

Je früher ein Musterunterbrecher nach dem Reiz gesetzt wird, desto wirksamer ist er. Welche Möglichkeiten gibt es hierbei?

Am effektivsten finde ich physiologische MUs. Dabei kann man von dem Grundsatz ausgehen: Je verrückter, desto besser!

☺ 💿 CD-Titel 2: Musterunterbrechung

1. Wähle jetzt ein Wort, das unangenehme Gefühle bei dir auslöst.
2. Sage dieses Wort und registriere deine emotionale Reaktion.
3. Lasse es nun kurz los und denke an etwas Neutrales.
4. Sprich nun wiederum dieses für dich negative Wort laut aus, steh *direkt* anschließend auf und mach für einige Sekunden ein kleines Tänzchen. Wenn du möchtest, kannst du auch noch ein Liedchen dazu singen.
5. Wiederhole Schritt 4 noch fünfmal und teste abschließend erneut deine emotionale Reaktion auf dieses Wort wie in Schritt 2.

Du wirst feststellen, dass deine Gefühle dieses Wort betreffend sich geändert haben. Vielleicht fühlt es sich nun auch etwas verrückt, lustig oder spaßig an.

Natürliche positive Anker sind ebenfalls gute Musterunterbrecher. Hier einige Beispiele:

· ein Lächeln
· Lachen
· tiefes Ein- und Ausatmen
· Laute wie: Mmmmmhh, Aaaaaaaahh oder Jaaaaahh (insbesonders wenn sie aus der Sexualregion kommen ☺)

- Laufen, Walken oder Springen
- Kombinationen dieser Möglichkeiten

Diese kannst du ebenfalls dazu einsetzen, um positive Emotionen und Schwingungen noch zu verstärken.

1. Wähle einen Gedanken oder ein Wort, der oder das ein gutes Gefühl bei dir auslöst, welches du gerne noch steigern möchtest.
2. Gehe nun in diese Vorstellung (oder sage laut dieses Wort) und registriere deine emotionale Reaktion.
3. Denke an etwas Neutrales.
4. Wiederhole Schritt 2 mit dem Unterschied, dass du, sobald das gute Gefühl auftaucht, dieses mit einem lauten »Jaaaaaaaahh« verstärkst.
5. Wiederhole Schritt 4 noch fünfmal und teste abschließend erneut deine emotionale Reaktion auf diese Vorstellung (oder dieses Wort) wie in Schritt 2.

Verstärkung geglückt? Wenn nicht, ist das auch o. k. Ich werde im Laufe des Buches noch öfter darauf zu sprechen kommen. Zusammenfassend lässt sich sagen: Jeder Gedanke, Ton, Laut, Geruch, Geschmack, jede Bewegung und Veränderung des Atems, der bzw. die dich schnell in einen anderen Zustand bringt, kann als Musterunterbrecher genutzt werden und ist umso effektiver, je schneller sie nach dem auslösenden Reiz gesetzt werden.

Emotionen, die bereits positiv sind, können mit natürlichen positiven Ankern noch verstärkt werden. Insbesondere bei neuen unterstützenden Glaubenssätzen und Affirmationen ist auch das »*Wie* ich es sage« sehr wichtig. Im »Brustton der Überzeugung« wirst du bessere Schwingungen erzeugen als mit einer leisen, piepsigen Stimme.

Reframing

>»Es sind nicht die Dinge an sich, die uns beunruhigen, sondern es ist die Bedeutung, die wir den Dingen geben.«
>
> *Epiktet*

Reframing ist eine Technik aus dem Neurolinguistischen Programmieren (NLP) und bedeutet etwa, einer Sache, Situation oder einem Ereignis »einen neuen Rahmen zu geben« oder dieses »umzudeuten«. Sicher kennst du die Metapher vom »halb leeren« und »halb vollen« Glas. Diese zeigt, dass wir ein und dieselbe Wirklichkeit unterschiedlich »sehen« und dabei alle Sichtweisen der Wahrheit entsprechen können.

Meist führt der Übergang von einer eher negativen Beurteilung zu einer positiven über den sogenannten »Sowohl-als-auch«-Rahmen.

Wenn wir eine Sache objektiv betrachten und uns selbst geeignete Fragen stellen, kommen wir vielleicht zu der Erkenntnis, dass diese nicht nur schlecht *oder* gut (Entweder-oder-Rahmen), sondern sowohl negativ *als auch* positiv sein kann. Das gibt uns die Chance, die unerwünschte Realität zu verlassen und die erwünschte zu betreten.

Es geht also beim Reframing nicht darum, sich etwas vorzumachen, sondern andere Wahrheiten für dieselbe Situation oder dasselbe Ereignis zu finden, die positiver sind, das heißt eine bessere Schwingung haben. Dies erreichen wir mit Fragen, die uns eventuell zum Umdenken und noch besser zum Umfühlen bringen.

Die folgenden Fragen kannst du dir, schon bevor du mit EFT oder den anderen hier genannten Methoden ein Problem angehen möchtest, stellen. Sie erleichtern effektiv den späteren Auflösungsprozess.

☺ ✐ Reframing

Wähle jetzt bitte ein emotionales Thema, das du mit dieser Methode angehen möchtest. Dies kann ein Ärger über eine Situation oder Person sein, ein vergangenes Ereignis, das deiner Meinung nach »schiefgelaufen« ist, oder etwas Ähnliches.

Ich möchte dich bitten (auch bei den anderen Verfahren und Übungen), dich zu Beginn nur auf leichte bis mittelschwere Probleme zu beschränken, bis du mit den Techniken vertraut bist und erste positive Erfahrungen gesammelt hast. Schwere und schwerste emotionale Verletzungen gehören meiner Ansicht nach sowieso in professionelle Hände.

Formuliere einen Satz, der dein gewähltes Problem beschreibt, und »gehe« mit diesem durch die folgenden Fragen. Notiere auch die Antworten. Nicht alle Fragen werden zu deinem Problem »passen«. Überspringe diese Fragen.

◉ CD-Titel 3: Reframing

Problem:
... ...

Fragen:
Wie fühle ich mich jetzt, wenn ich an dieses Problem denke?
Welche andere positive Bedeutung könnte dieses Problem für mich haben?
In welchem Kontext würde ich wissen und anerkennen, dass dieses Problem etwas (sehr) Sinnvolles ist? In welchem Kontext wäre es Gold wert?
Inwiefern könnte das, was mir gerade passiert oder passiert ist, genau richtig für mich sein?
Welche Chancen könnten mir daraus entstehen?

Was könnte ich daraus lernen/gelernt haben?

Wie könnte ich das Problem auch noch sehen?

Gibt es eine oder mehrere Situationen/Kontexte, in denen ich das Problem noch brauchen könnte?

So im Nachhinein, wozu könnte das Ganze gut gewesen sein?

Wenn ich zehn Jahre in die Zukunft gehen und zurückschauen würde: Wofür ist das Ganze gut gewesen?

Wenn ich mir vorstelle, ich hätte dieses Problem nie gehabt: Gibt es Erlebnisse, Dinge oder Personen, für die ich heute dankbar bin, die ich dann aber vielleicht nie erfahren, bekommen oder kennengelernt hätte?

Für welches Problem war das heutige Problem früher einmal die Lösung?

Wie fühle ich mich jetzt, wenn ich an mein Thema denke?

Wahrscheinlich wird dein emotionaler Bezug zu deinem Thema jetzt ein anderer sein. Wenn nicht, dann wiederhole die Übung jetzt oder zu einem anderen Zeitpunkt. Interessant ist insbesondere die zweitletzte Frage. Die Vorannahme hier lautet:

Jedes Problem war irgendwann einmal die Lösung für ein früheres Problem!

Hierzu einige Beispiele:

Früheres Problem:
Unfall auf der Autobahn (vielleicht auch nur fast oder nur gesehen)
Lösung:
Nur noch Landstraße benutzen
Heutiges Problem:
Starke Einschränkung, Zeitverlust, Abhängigkeit von anderen Personen oder öffentlichen Verkehrsmitteln

Früheres Problem:
Schmerzvolle Liebesbeziehungen
Lösung:
Sich nicht mehr verlieben. Keinen potenziellen Partner mehr ansprechen. Sich zurückziehen.
Heutiges Problem:
Schüchternheit, Einsamkeit, eingeschränkte Sexualität

Früheres Problem:
Selbstständig gemacht und pleite gegangen
Lösung:
Angestelltenverhältnis
Heutiges Problem:
Unzufriedenheit, Langeweile, fehlende Selbstverwirklichung

Wie du an diesen Beispielen siehst, haben unsere heutigen Probleme oft mit Entscheidungen (Lösungen) zu tun, die *früher* durchaus Sinn gehabt haben. Sie waren wichtig für unser physisches, emotionales oder finanzielles Überleben.

Ziel dieses Buches ist es auch, dir bessere Möglichkeiten zu zeigen, um mit deinen Themen umzugehen, damit deine Lösungen nicht zwangsläufig wieder zu Problemen führen.

Stirn-Hinterkopf-Halten

Eine weitere sehr einfache Methode, negative Emotionen aufzulösen und positive zu steigern, ist das sogenannte Stirn-Hinterkopf-Halten. Hierbei legt man, während man an ein emotionales Problem denkt, eine Hand flach auf die Stirn und die andere auf den Hinterkopf (Daumen unterhalb des Schädelrands). Tiefes Atmen unterstützt noch zusätzlich den Prozess.

Die gleiche Vorgehensweise kann man verwenden, um positive Gefühle zu verstärken. Sinnvoll ist hierbei ein vorheriger »Handwechsel«.

☺ 💿 CD-Titel 4: Stirn-Hinterkopf-Halten

Denke an etwas Alltägliches, das dich belastet. Bist du auf jemanden oder irgendetwas wütend oder ärgerlich? Ist heute etwas passiert, das anders gelaufen ist, als du es dir gewünscht hast? Hast du morgen etwas vor, das dir heute schon Kopfzerbrechen bereitet?

Nimm nun Verbindung zu diesem Problem auf, indem du einfach daran denkst.

Lege jetzt die Handinnenfläche der rechten Hand leicht auf die Stirn, so dass diese die beiden markierten Punkte (siehe Bild) bedeckt. Die linke Hand platzierst du auf dem Hinterkopf.

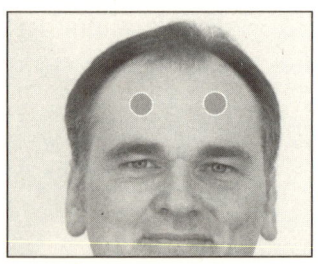 

Atme tief durch die Nase ein und durch den Mund aus und bleibe ein bis zwei Minuten bei deinem Thema.

Stell dir nun die Fragen:

»Was möchte, was will ich hinsichtlich dieses Themas?«

»Wie möchte ich mich diesbezüglich fühlen?«

Lege dann die linke Hand auf die Stirn, die rechte auf den Hinterkopf und gehe für ein bis zwei Minuten in die positive Energie deiner Antworten. Atme dabei wiederum tief durch die Nase ein und durch den Mund aus.

Wiederhole, wenn nötig, dieses Vorgehen, bis das negative Gefühl verschwunden ist und sich der erwünschte emotionale Zustand eingestellt hat.

Die Power-Wort-Technik[1]

Die Power-Wort Technik wurde entwickelt von Joan Sotkin[2] und gründet auf dem Be Set Free Fast (BSFF) des amerikanischen Psychologen Larry Nims[3]. Ich danke Joan von Herzen für die Erlaubnis, diese effektive einfache Methode hier vorstellen zu dürfen.

Das Unterbewusstsein akzeptiert das, was es gesagt bekommt, und handelt danach. Wenn du ihm sagst, dass das Leben dir Möglichkeiten bietet, dann wirst du diese haben; wenn du hingegen sagst, dass du niemals das bekommst, was du willst, dann wird Enttäuschung dein täglich Brot sein. (Hier haben wir Parallelen zum Gesetz der Anziehung.) Stimmt diese Annahme, so können wir ihm aber ebenfalls sagen, dass es beispielsweise alte einschränkende Glaubenssätze und ungesunde Emotionen und Widerstände auflösen bzw. loslassen soll.

Dies ist der Hintergrund der Power-Wort-Technik. Diese beinhaltet eine Instruktion an das Unbewusste, wobei ein Wort (Power-Wort) installiert wird, das, wenn es aktiviert

---

1 *www.prosperityplace.com/articles/powerword.pdf*
2 Homepage von Joan Sotkin: *www.prosperityplace.com*
3 Homepage von Larry Nims: *www.besetfreefast.com*

wird, bestimmte Prozesse (Negatives entfernen und Positives installieren) in Gang setzt. Die Installation musst du nur einmal durchführen, es sei denn, du möchtest dein gewähltes Wort ändern (s. u.).

Wähle jetzt dein Power-Wort. Dies kann ein einzelnes Wort sein oder ein kurzer Satz, das oder der eine positive emotionale Energie für dich hat. Mein Power-Wort ist beispielsweise »Energie«. Weitere Möglichkeiten wären: Freiheit, Frieden, Tu es, Danke, Liebe usw.

Sprich nun den folgenden Text laut aus, damit dein Unterbewusstsein weiß, was du von ihm erwartest[1].

»Unterbewusstsein, jedes Mal, wenn ich ein Problem, ein Unbehagen, einen Glaubenssatz oder eine Verhaltensweise bemerke, das, den bzw. die ich loslassen will, aktivierst du das folgende Power-Wort. Damit entfernst du alle Wurzeln dieses Problems, dieses Unbehagens, dieses Glaubenssatzes oder dieser Verhaltensweise. Du setzt dieses Power-Wort auch ein, um jede Absichtserklärung, Affirmation oder jeden neuen Glaubenssatz, die bzw. den ich mache, zu installieren. Das Power-Wort, das ich anwenden werde, lautet: _____.«

Wenn du dein Power-Wort zu einem späteren Zeitpunkt ändern möchtest, so wiederhole den oben stehenden Text und ersetze den letzten Satz durch:

»Unterbewusstsein, ich werde ab sofort das Power-Wort _____ verwenden.«

1 Ich danke Maya de Vries, *www.emofree.de*, ganz herzlich für die Übersetzung der Instruktion.

Die Power-Wort-Technik arbeitet mit verschiedenen Arten von Aussagen, gefolgt von dem Power-Wort. Dies sind einmal die »Loslass-Aussagen«, die eingesetzt werden zum Zwecke der Entfernung von Problemen, Unbehagen, negativen Glaubenssätzen und Verhaltensweisen.

Hier ein paar Beispiele:

»Ich lasse los meinen Widerstand gegen Veränderungen.« (Problem)

»Ich lasse los meine Angst vor Veränderungen.« (Unbehagen/negative Emotion)

»Ich lasse los meinen Glauben, dass ich mich nicht ändern kann.« (Glaubenssatz)

»Ich lasse los mein Bedürfnis, mich selbst zu kritisieren.« (Verhaltensweise)

Im Gegensatz hierzu werden Absichtserklärungen, Affirmationen und neue Glaubenssätze, gefolgt vom Power-Wort, eingesetzt, um diese zu installieren.

Beispiele:

»Ich bin bereit (will/gebe mir die Erlaubnis), meine Beziehung zu Geld zu ändern.« (Absichtserklärung)

»Ich fühle mich wohl mit Veränderungen.« (Affirmation)

»Ich kann meine finanzielle Situation verbessern.« (Glaubenssatz)

Dies sind einige der Möglichkeiten, die du hast. Im Allgemeinen wird es so aussehen, dass du dir überlegst, was du loslassen möchtest, spezifische Sätze hierzu formulierst, die mit »Ich lasse los ...« beginnen, und nach jedem dieser Sätze einmal dein Power-Wort sagst.

Dies machst du so lange, bis du das Gefühl hast, dass sich dein Thema aufgelöst hat.

Danach formulierst du unterstützende Absichtserklärungen, Glaubenssätze und Affirmationen, die du wiederum mit deinem Power-Wort installierst und festigst.

In der folgenden Übung geht es um die Themen Widerstand gegen Veränderung in Bezug auf Finanzen, finanzielle Identität und Reichtum.

Sie gibt dir einen guten Einblick in die Anwendung der Power-Wort Technik. Mach also mit und sprich alle Sätze und dein Power-Wort laut aus!

Widerstand gegen Veränderungen:
- Ich lasse los mein Bedürfnis nach Widerstand. – Power-Wort.
- Ich lasse los meine Angst vor finanziellen Veränderungen. – Power-Wort.
- Ich bin bereit, mit den Konsequenzen meines Vorankommens umzugehen. – Power-Wort.
- Ich gebe mir die Erlaubnis, mich an der Veränderung meiner finanziellen Situation zu erfreuen. – Power-Wort.
- Ich kann diese Veränderungen machen und nach wie vor sicher sein. – Power-Wort.
- Ich kann diese Veränderungen machen und nicht alleine sein. – Power-Wort.
- Ich fühle mich wohl mit Veränderungen. – Power-Wort.
- Ich lasse meinen Widerstand los und manifestiere Veränderungen. – Power-Wort.

Finanzielle Identität:
- Ich lasse los mein Bedürfnis, meine gegenwärtige Identität beizubehalten. – Power-Wort.
- Ich lasse los meine Angst, eine neue finanzielle Identität zu erschaffen. – Power-Wort.
- Ich lasse los meine Angst, unfähig zu sein, meine finanziellen Verhaltensweisen zu ändern. – Power-Wort.

- Ich will die Art ändern, wie ich mit Geld umgehe. – Power-Wort.
- Ich bin bereit, durch Unannehmlichkeiten dieser Veränderung zu gehen. – Power-Wort.
- Ich bin fähig, besser mit Geld umzugehen. – Power-Wort.
- Ich fühle mich wohl mit Geld. – Power-Wort.

Reichtum:
- Ich lasse los meinen Widerstand gegen Reichtum. – Power-Wort.
- Ich lasse los meine Angst vor Reichtum. – Power-Wort.
- Ich bin bereit, reich zu sein. – Power-Wort.
- Ich gebe mir die Erlaubnis, Reichtum aufzubauen. – Power-Wort.
- Es ist zum Vorteil für meine Familie und alle, die ich kenne, wenn ich reich bin. – Power-Wort.
- Ich bin bereit, alle Fertigkeiten zu erlernen, um Reichtum zu schaffen und zu verwalten. – Power-Wort.
- Ich bin reich. – Power-Wort

Änderungen auf der unbewussten Ebene können manchmal sehr subtil sein. Beobachte in den nächsten Tagen dein Verhalten und deinen emotionalen Bezug zu Veränderungen, Geld und Reichtum. Notiere alle positiven Eindrücke.

Ein Tipp:
Die Aussagen zu diesen Themen könntest du auch bezüglich eines anderen Bereiches (Gesundheit, Partnerschaft, Lernen, Spiritualität) abwandeln.

Mit der Power-Wort-Technik hast du nun eine weitere Methode, die dir hilft unerwünschte Emotionen, Verhaltensweisen und Glaubenssätze aufzulösen und förderliche zu installieren und zu verstärken.

Schreibe am besten dein Power-Wort auf einige kleine Kärtchen und befestige diese in deinem Wohn-, Schlaf- und Badezimmer, an deinem Arbeitsplatz, in deinem Auto und stecke noch eins in deine Brieftasche. Oft vergessen wir, dass uns bestimmte Möglichkeiten zur Verfügung stehen. Diese Kärtchen helfen, uns daran zu erinnern, insbesondere zu Beginn.

Die Sedona-Methode®

Die Sedona-Methode ist eine registrierte Handelsmarke der Sedona Training Associates, *www.sedona.com*. Sie basiert auf dem Lebenswerk von Lester Levenson und seiner emotionalen Befreiungs-Technik.

Lester Levenson, ein Physiker und erfolgreicher Unternehmer, stand 1952 (mit 42 Jahren) an einem Scheideweg. Seine Ärzte schickten ihn aufgrund mehrerer ernsthafter Erkrankungen nach Hause zum Sterben. Sie gaben ihm noch höchstens ein paar Wochen. Aber Lester liebte Herausforderungen. Anstatt aufzugeben, beschloss er, in sich zu gehen und Antworten zu finden. Und er fand, was er brauchte.

Er fand ein grundlegendes Werkzeug für persönliches Wachstum und das Loslassen aller inneren Einschränkungen. Dieses Werkzeug wandte er daraufhin über die nächsten drei Monate an. Sein Körper wurde wieder völlig gesund, und er erreichte einen Zustand von tiefem Frieden, der ihn niemals wieder verließ bis zu seinem Tod im Jahre 1994!

Lester entdeckte als Erstes, dass wir alle unbegrenzte Wesen sind, eingeschränkt nur durch unsere eigenen Konzepte von Grenzen, an denen wir festhalten. Da diese jedoch *nicht* wahr sind, so ist es auch leicht, sie wieder loszulassen. Und wir haben die natürliche Fähigkeit, dies zu tun.

Um dieses Loslassen zu erleichtern, entwickelte er Techniken, die er erst an sich selbst ausprobierte und dann mit anderen und kleinen Gruppen. Im Jahre 1973 formalisierte er diese Techniken, sodass sie nun auch von anderen unterrichtet werden und als Selbsthilfe-Techniken angewandt werden können. Dies wird heute die Sedona-Methode genannt.

Zu Beginn der Neunzigerjahre übertrug Lester die Rechte an seiner Lehre an seinen Freund und Schüler Hale Dwoskin mit der Bitte, seine Arbeit fortzuführen. Hale ist Autor des Standardwerkes *The Sedona Method*®, das im März 2006 auch in deutscher Sprache unter dem Titel *Die Sedona-Methode*® erschienen ist. Allen, die diese Methode von Grund auf erlernen möchten, empfehle ich dieses Buch und auch den englischsprachigen Kurs. Unter *www.sedona.com* findet man diesbezügliche Informationen und hat dort auch die Möglichkeit, ein kostenloses Einführungspaket (nur Versand- und Bearbeitungskosten) und Hales kostenlosen Newsletter zu bestellen.

Ich danke Hale Dwoskin und den Sedona Training Associates von Herzen für die Erlaubnis, einen Teil der Grundkenntnisse der Sedona-Methode im Rahmen dieses Buches vorstellen zu dürfen.

Wir haben alle die natürliche Fähigkeit, unerwünschte Emotionen loszulassen, und zwar augenblicklich. Die Sedona-Methode beinhaltet verschiedene Varianten, deren Ziel es ist, diese Fähigkeit wieder zu reaktivieren:

1. Sich entscheiden, loszulassen.
2. Die Emotion willkommen heißen.
3. In die Emotion eintauchen.

In diesem Buch werde ich ausschließlich auf die erste Möglichkeit eingehen. »Sich entscheiden, loszulassen« ist wohl die populärste der drei Varianten. Sie beinhaltet vier Fragen, die den Menschen auf den inneren Prozess des Loslassens aufmerksam machen. Dieses Instrument ermöglicht es, sich seiner Emotionen bewusst zu werden.

Frage 1:
Könnte ich es mir gestatten, dieses Gefühl willkommen zu heißen?
Es geht hier um das Akzeptieren und Annnehmen des momentanen Gefühls. Normalerweise haben wir ganz andere Strategien. Wir unterdrücken oder leben beispielsweise unseren Ärger aus oder kämpfen gegen ihn an.

Willkommen heißen, annehmen oder akzeptieren ist nicht nur eine bessere und gesündere Option, sondern auch ein wirksamer Musterunterbrecher. Vor allem geht es um die Akzeptanz des Gefühls, jetzt in diesem Augenblick. Es geht also nicht darum, es für immer anzunehmen, sondern nur für diesen Moment.

Eine Ja- oder Nein-Antwort ist o. k.! Sie sollte aber von Herzen kommen und nicht von deinem Intellekt bzw. Ego. Dies gilt gleichermaßen auch für die drei anderen Fragen.

Frage 2:
Könnte ich dieses Gefühl loslassen?
Eine Ja- oder Nein-Antwort ist o. k.! Wir haben alle diese natürliche Fähigkeit des Loslassens, und wir tun es tagtäglich, wenn auch meist unwillkürlich.

Hast du dich schon einmal um jemanden gesorgt? Und wie schnell fühltest du dich erleichtert, als diese Person dich dann anrief!

Oder hast du dich schon einmal über jemanden geärgert? Und diese Person stand plötzlich mit einem Lächeln und einem Geschenk vor der Tür, und alles war vergessen.

Oder hast du etwas Wichtiges gesucht und warst dabei total »aus dem Häuschen«? Schließlich fandest du es doch, und innerhalb von Sekunden war deine Aufregung verschwunden.

Du kennst bestimmt selbst Dutzende dieser Situationen, wo du bewusst oder auch unbewusst Ärger, Trauer, Wut, Angst, Schuld, Sorge, Schmerz usw. losgelassen hast. Und was noch wichtiger ist: Damit weißt du auch, wie sich Loslassen anfühlen kann!

Frage 3:
Bin ich bereit dazu?
Eine Ja- oder Nein-Antwort ist o. k.! Bereitschaft heißt, du bist jetzt willens, dieses Gefühl loszulassen. Der Zeitpunkt ist o. k., und du bist dir sicher, dass es gut für dich ist und du auch mit den Konsequenzen des Loslassens umgehen kannst.

Frage 4:
Wann?
Eine Ja- oder Nein-Antwort ist o. k.! »Wann« ist eine *Einladung*, jetzt loszulassen. Du triffst die Entscheidung. Um dir den Prozess des Loslassens noch etwas zu verdeutlichen, hier ein kleines Experiment:

Nimm jetzt bitte einen Stift (Kugelschreiber, Bleistift) in eine Hand. Dieser repräsentiert ein unerwünschtes Gefühl, und deine Hand repräsentiert dein Unbewusstes bzw. dein Bewusstsein.

Wenn du ihn nun einige Sekunden ganz fest hältst, wird sich dies vielleicht erst unangenehm und ungewohnt anfühlen, mit der Zeit aber immer vertrauter. Das Gleiche geschieht oft auch mit unseren Gefühlen.

Öffne nun deine Hand und lass den Stift über deine Handfläche rollen. Wie du siehst, ist dieser, wie auch deine Gefühle, *nicht* fest mit dir verbunden, auch wenn dies in unserem Sprachgebrauch so erscheint:

Ich *bin* traurig!
Ich *bin* wütend!
Ich *bin* schuldig!

Wir identifizieren uns dabei mit dem Gefühl, anstatt zu sagen:

Ich *fühle mich* traurig!
Ich *fühle mich* wütend!
Ich *fühle mich* schuldig!

Nimm nun den Stift noch einmal fest in deine Hand, Handrücken nach oben, und lass ihn fallen. Genau das versteht man unter Loslassen von Emotionen. Du triffst die Entscheidung und lässt los.

Bevor du jetzt gleich dieses Vorgehen ausprobierst, hier noch einige Tipps, Hinweise und Anregungen zur Anwendung:

- Sieh es, wie jede andere Übung in diesem Buch, als ein Spiel. Nicht nur ist eine Ja- oder Nein-Antwort o. k., sondern auch jedes Resultat.
- Reserviere dir für die Anwendung genügend ungestörte Zeit.
- Auch wenn sich auf der emotionalen Ebene wenig oder nichts tut, so können selbst kleine Erfolge im mentalen Bereich positive Veränderungen bewirken.
- Du kannst das Loslassen noch unterstützen, indem du das Gefühl in deine Hand »gibst«, es annimmst, diese zur

Faust schließt und diese wiederum beim Loslassen dann weit öffnest. Ob du die Emotion nach unten (Erde) oder nach oben (Universum) entlässt, ist deine Entscheidung. Probier doch einfach beide Möglichkeiten.

· Ich habe die Erfahrung gemacht, dass ein tiefes Durchatmen (durch die Nase ein, durch den Mund aus) beim Loslassen sehr hilfreich sein kann.

· Um dich besser mit der jeweiligen Emotion zu verbinden, kannst du auch eine Hand auf die Stelle legen, wo du diese spürst. Dein Fokus wird damit gebündelt. *Energie fließt dorthin, wo die Aufmerksamkeit hingeht!*

· Auch wenn du das Gefühl hast, dass in den ersten Runden nichts passiert, mach weiter. Gib der Methode und dir eine Chance und gehe wenn nötig auch 10- oder 15-mal durch die Fragen. Als ich die Vorgehensweise bei einem Seminar einmal kurz vorstellte, erlebten die meisten der Teilnehmer ihre »Befreiung« in Runde 4, 5 oder 6.

· Komm nach jeder Runde immer wieder auf die Einstiegsfrage »Was fühle ich jetzt, wenn ich an mein Problem denke?« zurück. Emotionen können sich während des Prozesses ändern. Du beginnst vielleicht mit »Angst«, und nach ein paar Runden taucht »Wut« oder »Traurigkeit« auf. Das aktuelle Gefühl ist immer das, auf das du mit den Fragen eingehst.

· Wenn du diese Technik zur Selbsthilfe einsetzt, dann kannst du dies in der Ich-Form (Könnte ich ...?), aber auch in der Du-Form (Könntest du ...?) tun. Du kannst aber auch die Fragen, in deiner Geschwindigkeit, auf Band sprechen oder sprechen lassen. Denk daran, genügend (mindestens 10) »Runden« aufzunehmen. Meine Erfahrung zeigt, dass es effektiver ist, sich durch den Prozess führen zu lassen.

· Übung macht den Meister! Je öfter du diese Methode anwendest, desto besser, schneller und leichter werden sich die positiven Ergebnisse einstellen.

Wähle jetzt bitte ein spezifisches emotionales Problem, dass dich belastet. Dies kann ein aktueller Ärger oder eine Wut über eine bestimmte Person oder Situation sein. Nimm nun Kontakt zu dem Problem auf und erlaube dir, so gut du kannst, die Emotion zu empfinden, die damit verbunden ist.

Stell dir selbst die folgenden Fragen:

1. Was fühle ich jetzt, in diesem Moment, wenn ich an mein Problem denke?
2. Könnte ich es mir gestatten, dieses Gefühl willkommen zu heißen, nur für diesen Moment?
3. Könnte ich dieses Gefühl loslassen?
4. Bin ich bereit dazu?
5. Wann?
6. Wiederhole Schritt 1–5, bis du deinen erwünschten emotionalen Zustand erreicht hast.

Vor einigen Monaten arbeitete ich mit dieser Methode mit einem befreundeten Kollegen. Er schilderte mir, dass die ehrliche Antwort auf die vier Fragen in den ersten beiden Runden immer ein klares »Nein« war. Trotzdem kam es zu einer spürbaren Intensitätsverminderung, welche ab der dritten Runde zu einem ebenso klaren »Ja« führte. Interessant, oder?

Auch Hale Dwoskin berichtet auf einer DVD von diesem Phänomen. Viele der größten Erfolge haben oft zu Beginn ein »Nein« als Antwort auf die Fragen.

Positive Emotionen verstärken

Die gleiche Vorgehensweise, die du zum Loslassen negativer Emotionen einsetzt, kannst du auch zum Verstärken positiver Gefühle verwenden.

Nehmen wir einmal an, dein Thema war Angst vorm Fliegen. Nach einigen Runden des Loslassens fühlst du dich mutig genug, jetzt sofort in ein Flugzeug zu steigen. Dein Wunsch ist es jedoch, das Fliegen zu genießen. Dazu musst du dieses Mut-Gefühl loslassen und vielleicht auch noch andere positive Gefühle, bis du dein Ziel, das Fliegen zu genießen, erreicht hast.

Das Loslassen positiver Emotionen war für mich zu Beginn die größte Herausforderung. Bevor ich das Prinzip dahinter erkannte und durch positive Erfahrungen verinnerlichte, wendete ich eine Variante der Fragestellung an, die sich für mich besser anfühlte. Diese Version kannst auch du anwenden, um von einem positiven Gefühl zu einem noch stärkeren zu gelangen. Dabei wird einfach auf den dritten Schritt verzichtet, wobei der Prozess sich dann folgendermaßen darstellt:

Wähle jetzt eine Situation, die du, wenn du daran denkst, als ganz o.k. erlebst, wobei du jedoch den Wunsch hast, diese zu genießen oder dich in tiefstem Frieden mit/in ihr zu fühlen.

Stelle dir folgende Fragen:

1. Was fühle ich jetzt, in diesem Moment, wenn ich an diese Situation denke?
2. Könnte ich es mir erlauben, dieses Gefühl willkommen zu heißen?
3. Bin ich bereit dazu?

4. Wann?

5. Wiederhole Schritt 1–4, bis du deinen erwünschten emotionalen Zustand erreicht hast.

Experimentiere mit dieser Variante, aber auch mit der Ursprungsversion, und entscheide dich dann für die Variante, die dir die besseren Resultate liefert.

Dies war eine kleine Einführung in die Sedona-Methode. Sollte sie dein Interesse geweckt haben, so kaufe dir das gleichnamige Buch oder lass es dir schenken. Es bietet dir unzählige Möglichkeiten der Anwendung in den Bereichen Ziele, Geld, Gesundheit, Partnerschaft und Informationen darüber, wie du diese Technik auch zum Loslassen auf einer tieferen Ebene einsetzen kannst.

Bist du des Englischen einigermaßen mächtig, so bestelle dir das kostenlose Einführungspaket und vielleicht den empfehlenswerten Audiokurs unter *www.sedona.com*.

Alle in diesem Abschnitt vorgestellten Methoden lassen sich auch wunderbar kombinieren. Wenn du beispielsweise mit der Anwendung von EFT vertraut bist, könntest du, während du dir die Sedona-Fragen stellst, einige deiner bevorzugten EFT-Punkte klopfen. Oder du stellst dir diese Fragen, während du das Stirn-Hinterkopf-Halten ausführst, und unterstützt das Loslassen noch mit deinem Power-Wort.

Entscheide dich für die Methoden oder Kombinationen, die dir am meisten Spaß machen und die besten Resultate bringen. Im Laufe des Spiels werde ich noch öfters auf die Sedona-Methode und ihre Anwendung bei spezifischen Themen zurückkommen.

Abschließend und zur Erinnerung hier noch einmal die verschiedenen Techniken:

· EFT
· Physiologie und Musterunterbrechung
· Reframing
· Stirn-Hinterkopf-Halten
· Power-Wort-Technik
· Die Sedona-Methode®

Hinweis: Wenn ich zukünftig in diesem Buch auf die »Spielhelfer« (oder auf der beiliegenden CD auf »Sedona und Co.«) verweise, so bezieht sich dies auf die Techniken »Die Sedona-Methode®«, »Power-Wort-Technik«, »Stirn-Hinterkopf-Halten«, »EFT« oder eine von dir selbst gewählte Methode oder Kombination von Methoden.

4. Spielvorbereitung

»In allen Dingen hängt der Erfolg
von den Vorbereitungen ab.«
Konfuzius

Dieser Abschnitt dient der Vorbereitung deines Spiels. Zuvor möchte ich jedoch, dass du die folgende Erklärung durchliest und dann unterschreibst.

Die Erfahrung zeigt: Wenn wir uns etwas vornehmen und dies in Form eines Vertrages mit uns selbst besiegeln, wird die Wahrscheinlichkeit der Einhaltung vergrößert.

Erklärung

*Die folgenden Versprechen gebe ich mir
und meinem Universum:*

Ich _____ (dein Name), *verspreche
mich im Hier und Jetzt weniger auf das zu konzentrieren, was
ich nicht will, sondern auf das, was ich will.
Sobald ich bemerke, dass negative Gedanken und Gefühle bei
mir aufkommen, stelle ich mir die folgenden beiden Fragen:
»Was möchte ich jetzt? Wie möchte ich mich jetzt fühlen?«,
und gehe in Resonanz mit diesen Dingen und Emotionen.*

*Ich erkenne an, dass ich ein unbegrenztes Wesen bin und der
Schöpfer meiner eigenen Realität und meines Universums.
Ich weiß, Glück, Liebe, Reichtum, Gesundheit und Erfolg sind
mein Geburtsrecht, und ich bin mit allen und allem verbunden.*

*Ich bin unendlich dankbar für all die Dinge, die ich mit meinen
Gedanken und Gefühlen erschaffe und in mein Leben ziehe.
Ich handle nur noch in Bezug auf meine Ziele, wenn die Motivation dazu aus meinem Herzen kommt.
Ich frage nicht mehr, was mein Universum für mich tun kann,
sondern was ich für mein Universum tun kann.*

*Ich übernehme jetzt und für alle Zeit die Verantwortung für
mein Leben.*

_____   _____
Ort/Datum   Unterschrift

LOA und Feng Shui

»Die Umgebung, in der der Mensch sich den größten Teil
des Tages aufhält, bestimmt seinen Charakter.«
Antiphon, griech. Philosoph

Der folgende Artikel stammt von Ute Albrecht[1]. Herzlichen
Dank, Ute.

Feng-Shui ist die Wahrnehmung, wie Energien fließen
und wo sie blockiert sind. Die Wohnung ist ein Spiegel der
Seele ihrer Bewohner, man kann daraus gut Rückschlüsse
über den Energie-, Gesundheitszustand und die aktuellen
Lebensthemen der Bewohner ziehen.

Feng-Shui-Maßnahmen sollen Bewusstseinsveränderun-
gen bei den betreffenden Personen erzeugen, sie sind ein
Schritt zur Veränderung der Psyche und inneren Strukturen. Wer verspricht, dass Feng-Shui immer wirkt, versucht
die geistigen Gesetze zu ignorieren. Es stimmt zwar, dass
Außen auf Innen wirkt, aber auch umgekehrt.

Feng-Shui kann LOA wunderbar unterstützen, denn eine
Umgebung mit gutem Feng-Shui kann unser Wohlbefin-
den sehr fördern, weil so unsere Energie gestärkt wird. Eine
Umgebung mit schlechtem Feng-Shui zieht uns dagegen
Energie ab.

Für jedes Feng-Shui-Problem gibt es eine Lösung, ohne
dass die Wohnung anschließend wie ein China-Restaurant
aussehen muss. Oft reichen einfache Mittel wie das Umrücken von Möbeln oder das Anbringen eines Windspiels. Ein

---

1 Ute Albrecht arbeitet als Ernährungsberaterin und mentale Schlankheits-
trainerin in eigener Praxis. Während ihrer Ausbildung zur Heilpraktikerin für
Psychotherapie hat sie sich intensiv mit Feng-Shui beschäftigt.
Web: *www.ute-albrecht.de*; E-Mail: *FengShui@Albrecht-www.de*

Stein, der während der ersten Liebeserklärung am Strand gefunden wurde, kann größere Symbolkraft haben als ein im Feng-Shui-Shop angebotener Artikel für die Partnerschaftsecke.

Es gibt insgesamt neun Bereiche oder *Baguas*. Sie werden entweder nach der Himmelsrichtung oder beim Drei-Türen-Bagua nach der Wand, in der die Tür ist, bestimmt. Üblicher und einfacher ist Feng-Shui nach dem Drei-Türen-Bagua.

Steht man in der Eingangstür des Hauses und blickt in das Haus oder steht man in der Zimmertür und blickt in das Zimmer, befindet sich die Partnerschaftsecke rechts hinten. Links hinten ist die Reichtumsecke. Man drittelt die Länge und Breite des Hauses oder des Zimmers ausgehend von der Tür und hat so neun Bereiche.

Reichtum	Ruhm	Partnerschaft
Familie	Tai-Chi	Kinder
Wissen	Karriere	Hilfreiche Freunde

Für jedes Stockwerk gilt ein eigenes Bagua, es beginnt dort, wo die oberste Stufe auf diese »Ebene« führt, hier ist die »Eingangstür«.

Ein Zimmer kann also die Reichtumsecke einer Wohnung sein, und gleichzeitig ist es selbst in die neun Bereiche eingeteilt. Ein Schreibtisch hat ebenso neun Bereiche, egal in welchem Bereich des Zimmers oder der Wohnung er steht.

Wohnungsgrundrisse mit unregelmäßigen Formen haben »Fehlbereiche« oder »hilfreiche Erweiterungen« im Bagua. Dazu zählen allerdings nur die bewohnten Teile, keine angebauten Garagen oder Schuppen. Ist der vorragende Abschnitt mindestens halb so groß wie der Hauptteil (in der Länge oder Breite), so wird er ins Bagua miteinbezogen – dadurch fehlt mindestens ein Bereich, und es entsteht dort ein Defizit. Erreicht der vorstehende Teil keine 50 % des Hauptteils, so liegt er außerhalb des Bagua und verstärkt die Zone, aus der er hervorragt, als »hilfreiche Erweiterung«.

Das Bagua wendet man auch auf den Garten, das gesamte Grundstück usw. an. Beim Schreibtisch gilt als »Eingangstür« der Bereich, an dem der Schreibtischstuhl steht.

Reichtum:	Hier geht es um den inneren und äußeren Reichtum, also sowohl Geld als auch Zufriedenheit und glückliche Umstände.
Ruhm:	Ansehen, Weisheit, Erleuchtung
Partnerschaft:	Beziehung zu anderen (Partner, bester Freund, Nachbarn und Geschäftspartner)
Familie:	Eltern, Ahnen, Vorgesetzte
Tai-Chi:	Gesundheit, Vitalität, unsere innere Mitte, Ausgeglichenheit
Kinder:	Kinder, Ideen, Kreativität, Projekte, Filialen
Wissen:	Studium, Schule, inneres Wissen, Meditation
Karriere:	Lebensweg, Beruf, das Rechte zur rechten Zeit tun, Vertrauen auf Führung, im Fluss sein
Hilfreiche Freunde:	Unterstützung von außen bzw. nach außen durch Geben und Empfangen. Auch Reisen fallen in diesen Bereich.

Geldprobleme? Dann betrachte sowohl die Reichtumsecke deiner Wohnung, deiner wichtigen Wohnräume, deines Schreibtisches und deines Gartens – falls vorhanden. Wie sieht es in diesem Bereich aus? Unordnung? Dunkelheit? Vertrocknete Blumen?

Lädt dieser Bereich die Energie ein?

In der Partnerschaftsecke türmt sich die Schmutzwäsche? Kein Wunder, wenn sich die Partner dauernd streiten. Die Partnerschaftsecke fehlt oder ist mit stacheligen Blumen oder gar einem Medikamentenschrank ausgestattet? – Einfache Feng-Shui-Maßnahmen können viel bewirken; außen ebenso wie innen.

Feng-Shui-Maßnahmen beginnen mit Ordnungherstellen. Weg mit dem alten Gerümpel, alles, was schon länger nicht gebraucht wurde, bindet nur unnötig Energie. Hilfreich beim Entrümpeln sind mehrere Kartons oder Kisten. Eine bzw. mehrere für den Müll, eine für Dinge, die für uns wertlos sind, aber für jemand anderen noch brauchbar sein könnten, z. B. Sachen, die verschenkt oder weiterverkauft werden sollen. Eine weitere für Schätze, von denen man sich (noch) nicht trennen möchte, die aber in der Wohnung stören. In einer weiteren könnten Dinge gelagert werden, die nicht weggeworfen werden sollen, aber repariert werden müssen. Falls man nicht zum Reparieren kommt oder die Sachen nicht gleich oder innerhalb kurzer Zeit verkaufen kann, werden sie am besten entsorgt. Diese Dinge binden auch bei Aufbewahrung in Schränken, im Keller oder in der Garage zu viel Energie.

Es ist erstaunlich, wie gut dieses Entrümpeln tut. Die Wohnung kann allein dadurch schon einen ganz anderen Eindruck machen. Auch fällt das Sauberhalten so viel leichter. Immer nur kleine, machbare Aufräumarbeiten vornehmen, keine Mammutaufgaben, aber am Ball bleiben. Am besten mit der Küche beginnen, sie ist ein wichtiger Ort. Hilfreich können dabei Bücher über Haushaltsorganisation sein.

Stelle dich in deine Eingangstür und betrachte die gesamte Wohnung aus den Augen eines Besuchers, indem du jeden Raum abgehst. Wiederhole das immer wieder nach ein paar Wochen. Als ständiger Bewohner übersieht man sonst oft viele Dinge. Die Ecke einer Wand, scharfe Ecken an Möbeln, aber auch Ecken von Säulen, Pfosten und Rahmen können störende »Pfeile« schaffen. Sogar Dekorationsgegenstände, Zimmerpflanzen, künstliche Pflanzen, gesprungene Spiegel oder zerbrochene Dinge können geheime Pfeile, sogenanntes *Sha-Chi*, erzeugen.

Setze dich auf jede Sitzgelegenheit und schaue, ob du in dieser Position von Sha-Chi getroffen wirst. Vergewissere dich, dass keine geraden Linien, spitzen Winkel oder Spitzen auf dich gerichtet sind am Schreibtisch, beim Essen, Schlafen usw. Wenn du dich zu Hause oder bei der Arbeit angespannt fühlst, könnten solche Pfeile dafür verantwortlich sein.

Es gibt einiges, was man tun kann, um sich vor Pfeilen zu schützen. Versuche als Erstes, den betreffenden Gegenstand zu entfernen. Ist das nicht möglich, so bedecke die Spitze mit einem Stück Stoff oder was immer zur Verfügung steht. Benutze dazu Pflanzen, Gegenstände, Bilder in kleinen Rahmen oder auch eine Postkarte. Eine weitere Lösung wäre, einen kleinen Spiegel anzubringen, der den Pfeil zu seinem Ursprung zurückschickt. Wenn das unpraktisch ist, so schaffe dir eine subtile symbolische Wand zwischen dir und dem geheimen Pfeil.

Begehe die Wohnung und schaue von jedem Eingang aus, wohin die Aufmerksamkeit gelenkt wird, denn die Energie folgt der Aufmerksamkeit. Kann man von der Eingangstür direkt zum Fenster blicken? Dann fließt die Energie gleich wieder aus dem Haus raus. Hänge Windspiele dazwischen auf oder stelle große Blumen als Stopper dazwischen. Energie möchte wie ein Fluss nicht gerade geleitet werden, sondern mäandrieren, d. h. sich in Kurven fortbewegen.

Werden Flüsse begradigt, kommt es oft zu Überschwemmungen.

Man kann auch Kristallkugeln ins Fenster hängen, das sind Kugeln, die viele Schliffe aufweisen und bei Sonneneinstrahlung viele bunte Regenbogen bilden. Sie stoppen Energieverluste, reflektieren negative Einflüsse. Auch wenn wir es nicht sehen können, bauen sie ständig *Chi* (positive Energie) auf. – Aber ein Fenster soll frei bleiben, denn irgendwohin muss die verbrauchte Energie entweichen.

Gibt es Bereiche, in die die Energie schlecht gelangt, weil zu viele Hindernisse im Weg sind? Lenke die Energie durch Umstellung von Möbeln, durch schöne Bilder usw. oder Spiegel in diesen Bereich. Aber hänge nie einen Spiegel so auf, dass er die hereinkommende Energie gleich wieder aus dem Zimmer zurückreflektiert.

Auch durch jeden Abfluss geht Energie verloren. Deshalb sollte der Toilettendeckel nach Benutzung immer wieder geschlossen werden. Es ist günstig, außen an die Toiletten- oder Badezimmertür einen Spiegel zu hängen, damit die Energie besser weitergeleitet wird und nicht im WC versickert. Selbstverständlich sollten die Türen zu WC und Bad immer geschlossen sein. Ist es nicht möglich, einen kleinen Spiegel an die Tür zu kleben, kann man ein anderes Symbol, z. B. eine Zeichnung, die »Stopp« signalisiert, aufhängen.

Überhaupt sind die eigenen Lösungen oftmals sehr effizient. Bringe sie immer in dem Bewusstsein an, was sie bewirken sollen. Diese Aufgabe kann man einem Gegenstand auch später geben, der intuitiv schon richtig angebracht wurde, ohne dass man etwas über Feng-Shui wusste.

Gibt es in deiner Wohnung Räume ohne Fenster? Auch dann sind Spiegel hilfreich, weil sie symbolisch einen Ausgang darstellen. Ein Bild mit einem Fenster oder einer Tür bewirkt diesen Effekt ebenso.

Als Spiegel gelten alle reflektierenden Gegenstände. Eine

Rosenkugel (konvexe Form) vor der Haustür kann alle schlechten Einflüsse zerstreuen, während konkave Formen wie bei einer Satellitenschüssel ggf. schlechte Energie anziehen. Schlechte Energie von außen kann man auch durch Türkränze oder den in katholischen Gegenden verbreiteten Haussegen über der Haustür »C+M+B+›Jahr‹«, der »Christus segne das Haus« bedeutet, abwehren.

Immer müssen Hilfsmittel in Ordnung sein, d. h., Spiegel, die blind oder gesprungen sind, bedeuten schlechtes Feng-Shui und sollten schnell ausgetauscht werden. Alles, was defekt ist, hat schlechtes Feng-Shui. Eine kaputte Glühbirne sollte schnell durch eine funktionierende ersetzt werden. Müll sollte möglichst oft weggebracht werden. Nirgendwo sollten sich alte Energien ansammeln.

Hat man das Haus wieder ordentlich und sauber, gereinigt von schlechtem Feng-Shui usw., kann es nützlich sein, die Wohnung auch symbolisch von alten Energien zu reinigen. Das kann mit Räucherungen, lauter Musik, Trommeln o. ä. geschehen. Wenn man dies nicht durchführen kann, reicht auch Durchlüften in dem Bewusstsein, dass damit die Energien geklärt werden.

Das Beste, was man sich in die Wohnung holen kann, sind gesunde grüne Pflanzen, die Leben in Ecken bringen und schlechtes Chi von Säulen, Balken und anderen scharfen, kantigen Objekten abweisen. Am besten eignen sich Gewächse mit breiten Blättern, die der chinesischen »Geldpflanze« ähneln. Stachelige Kakteen und Bonsaibäumchen meiden. Sukkulenten erzeugen dagegen ein hervorragendes Feng-Shui.

Blumen beruhigen und erneuern das sie umgebende Chi. Achte jedoch darauf, dass die Pflanzen gesund bleiben, und beseitige sie sofort, wenn sie eingegangen sind. Verwelkte Pflanzen erzeugen Sha-Chi und bringen Unglück.

Schmückt man Räume regelmäßig mit frischen Schnittblumen, bringt dies gutes Feng-Shui für den ganzen Haushalt. Wichtig ist jedoch, verwelkte Blumen sofort zu entfernen. Es ist besser, künstliche oder Seidenblumen aufzustellen, die immer frisch aussehen, als einen verwesenden Strauß. Sterbende Pflanzen stehen für Krankheit und Unglück.

Aus demselben Grund ist von Trockenblumen abzuraten, wie hübsch sie auch aussehen mögen. Sie symbolisieren den Tod und ziehen kein gutes, gesundes Chi an. Sie haben eine zu starke Yin-Wirkung und sind mehr dem Reich des Todes als dem der Lebendigen zugewandt.

Das einfachste Feng-Shui-Werkzeug zur Ausschmückung und Aufwertung des Heims ist neben Pflanzen das Licht. Helle Leuchten zählen zu den wirksamsten Werkzeugen und können in fast jeder Ecke angebracht werden.

Wichtig ist auch, sich an den Plätzen sicher zu fühlen, an denen man sich öfter aufhält: zum Arbeiten, Ausruhen, Essen oder Schlafen. Hier sollte man nicht unbemerkt von hinten angeschlichen werden können.

Lassen sich Möbel nicht umrücken, schützt man den freien Rücken symbolhaft. Ist z. B. ein Fenster im Rücken, könnte man eine Schildkrötenfigur in die Fensterbank als Schutz hinstellen. Ein Spiegel o. ä. lässt uns konzentrierter arbeiten, weil wir in ihm eventuelle Feinde, die sich von hinten anschleichen, sehen können. Sitzt man mit dem Rücken zur Tür, so kann ein Klangspiel mit fünf oder mehr Röhren zwischen Stuhl und Tür helfen. Man kann sich einen Schutz auch denken, wenn man nicht zweifelt, dass es hilft. Gegenstände, die beim Sitzen oder Schlafen auf uns herunterfallen könnten wie Lampen, auch wenn sie fest verankert sind, wecken in uns unterschwellige Angst und sollten vermieden werden.

Bestimmte Bereiche aktivieren:

Reichtum:	
Himmelsrichtung: Südosten Element: Holz Farben: Schwarz, Grün, Rot	Collagen aus echtem Geld Darstellungen von Wasser Springbrunnen, Naturmotive Fische alles, was an Überfluss erinnert Gegenstände, die wie ein Sammelbehälter wirken, sammeln das Wohlstands-Chi, Platz schaffen, um Fülle anzuziehen (aufräumen)
Ruhm:	
Himmelsrichtung: Süden Element: Feuer Farben: Gelb, Rot	Symbole für die Darstellung der eigenen Ziele alles, was Klarheit fördert und inspirierend wirkt (z. B. Licht und die Feuerfarbe Rot, Meisterwerke großer Künstler oder Musiker) immer auf saubere Fenster achten
Partnerschaft:	
Himmelsrichtung: Südwesten Element: Metall Farben: Erdfarben wie Gelb und Braun, Feuerfarben wie Rot und Pink	Fotos als Paar in einem erfreulichen Augenblick Bild von Braut und Bräutigam Brautstrauß, Tierpaare Motive von Harmonie und Gemeinsamkeit Dinge, welche eine aufbauende und beziehungsfördernde Bedeutung haben keine Schmutzwäsche in diesem Bereich, auch keine Symbole von Aggressionen oder Einsamkeit

Familie:	
Himmelsrichtung: Osten Element: Holz Farben: Grün, Schwarz, Rot	Fotos von Vorfahren/Verwandten Gegenstände und Symbole, die Leben und Wachstum darstellen, wie größere Pflanzen
Tai-Chi:	
Mitte Element: Erde keine Farben zugeordnet	Die Wohnungsmitte sollte frei bleiben und gut beleuchtet sein. DNS-Spirale oder einen größeren, kugelförmigen Regenbogen-Kristall aufhängen In der Mitte der Wohnung sollten sich keine Mauern, Kamine, Abstellräume oder Treppen befinden. Bei einem blockierten oder fehlenden Tai-Chi „Ersatzzentren" schaffen, indem in zwei wichtigen Räumen der Wohnung jeweils die Raummitte aktiviert wird.
Kinder:	
Himmelsrichtung: Westen Element: Metall Farben: Gelb, Weiß, Dunkelblau	Darstellungen oder Figuren von Kindern Bilder und Motive, die an Lebensgenuss erinnern (das Bild einer romantischen Abendstimmung am Meer, feines Essen und Trinken, eine Blütenpracht, ausdrucksstarke Kunstwerke oder harmonische Musik)

Wissen:	
Himmelsrichtung: Nordost Element: Erde Farben: Braun, Gelb, Weiß, Grau, Rot	Bilder von Bergen oder heiligen Plätzen leere Gefäße (Einzelgegenstände) wie Schachteln, Gläser und Krüge
Karriere:	
Himmelsrichtung: Norden Element: Wasser Farben: Blau, Schwarz, Weiß, Grau	großzügige, vor allem aber unblockierte Raumgestaltung helles Licht Bilder mit Wassermotiven oder Muster mit fließenden Formen eine Schale mit schwimmenden Kerzen
Hilfreiche Freunde:	
Himmelsrichtung: Norden Element: Wasser Farben: Blau, Schwarz, Weiß, Grau	Darstellungen von Engeln oder Wolken, Sternen oder erträumten Reisezielen Mineralien, Halbedelsteine, Diamanten oder Kristallobjekte

Wenn es bei einem ungleichmäßigen Grundriss schwierig ist, die Mitte zu finden, überträgt man den Grundriss maßstabsgetreu auf Pappe und schneidet ihn aus. Der Punkt, unter dem eine Nadel so platziert wird, dass die Pappe waagerecht stabilisiert ist, ist das Zentrum.

Übertreibe nichts! Betone nie einen Bereich zu sehr, sonst kommt alles zu sehr ins Ungleichgewicht. Wenn eine Feng-Shui-Maßnahme auch nach ein paar Tagen nicht stimmig ist, dann sollte man lieber etwas ändern.

Fotos von Verwandten (auch Kindern) gehören übrigens nicht ins Schlafzimmer. Man fühlt sich sonst beobachtet, und das könnte stören.

In Räumen, die Erfolg anziehen, sind alle fünf Elemente ausgewogen vertreten. Zu viel von einem Element bedeutet, dass ein anderes schwach vertreten ist. Wenn alle fünf Elemente vorhanden sind, beginnt ein Raum der Natur zu ähneln; es müssen jedoch auch die Beziehungen zwischen den Elementen berücksichtigt werden.

Wer an einem traditionell »ungünstigen« Ort wohnt, braucht sich aber keine Sorgen zu machen, die Haltung diesem Ort gegenüber kann einen stärkeren Einfluss haben als der Ort selbst.

Auch wenn dieser Artikel nur einen kleinen Ausschnitt des Themas Feng-Shui darstellt, so können selbst kleine Veränderungen zu einer harmonischeren Umgebung positive Auswirkungen auf dein Erleben, deine Emotionen und damit auf deine Schwingung haben.

Ressourcen und Kraftquellen

> »Große Notfälle und Krisen zeigen uns,
> um wie viel größer unsere vitalen Ressourcen sind,
> als wir selbst angenommen haben.«
> *William James*

Eine unserer ersten Aufgaben in der NLP-Fortbildung war die Anfertigung eines Ressourcen-Bildes. Sich seiner eigenen Kraftquellen bewusst zu werden, ist ein weiterer Schritt, der sich positiv auf deine Grundschwingung auswirken wird.

Nimm hierzu ein DIN-A3-Blatt (oder größer) und notiere darauf all deine Ressourcen wie

- *Mission/Bestimmung*
- *Ziele*
- unterstützende Dinge, Menschen, Tiere, Methoden, Literatur usw.
- positive Verhaltensweisen

- Fähigkeiten

- Glaubenssätze
- Werte
- Eigenschaften

- Glauben (Spiritualität)
- usw.

Gerne kannst du dafür auch farbige Filzstifte oder passende Bilder verwenden. Lass Raum für weitere Ressourcen, die dir in den nächsten Wochen vielleicht erst bewusst werden, und deine Ziele (siehe auch Vision-Board unter »Visualisierungstechniken« in Kapitel 5). Hänge dieses Bild an einen schönen Platz und werde dir täglich deiner Kraftquellen bewusst.

Meine Kraftquellen

Meine Mission/Bestimmung

Meine Ziele

Glauben (Spiritualität)
Eigenschaften
Werte
Glaubenssätze
Fähigkeiten
Verhaltensweisen
unterstützende Dinge, Menschen, Tiere,
Methoden, Literatur usw.

Dankbarkeit

»Danken heißt sich vor Gott hinsetzen und sich freuen.«
Aus Afrika

Vielleicht kennst du ja die Wasserexperimente von Dr. Emoto oder hast den Film *What the bleep do we (k)now!? – Ich weiß, dass ich nichts weiß!* (siehe »Quellen« im Anhang) gesehen, in dem auch auf diese Forschungen eingegangen wird. Dr. Emoto hat festgestellt, dass Wasser, das mit positiven Energien »bestrahlt« wird, auf der molekularen Ebene wunderschöne Strukturen ausbildet. Umgekehrt erzeugen aggressive Gefühle wie Ärger, Wut und Zorn sehr unansehnliche Wassermoleküle. Dankbarkeit scheint bei den positiven Emotionen der absolute Hit zu sein, noch vor der Energie von Liebe.

Was zeigt uns das?

Der Mensch besteht zu etwa zwei Dritteln aus Wasser. Jedes Molekül davon reagiert auf unsere Gedanken und Gefühle und bildet dementsprechende Strukturen. Die Frage ist: Bedeutet eine schönere Struktur auch eine bessere Gesundheit oder Befindlichkeit? Ich weiß es nicht, gehe aber davon aus.

Interessant wäre ein Experiment, bei dem man von zwei gleichen Pflanzen die eine mit »aggressivem« Wasser, die andere mit »Liebes«- oder »Dankbarkeits«-Wasser gießt und dann beobachtet, wie beide sich entwickeln.

Was erforscht wurde, ist, dass eine Pflanze, die mit liebevollen Emotionen »bestrahlt« wird, wesentlich besser gedeiht als eine fast identische Pflanze, die mit aggressiven Gefühlen »bestrahlt« wird. Und Pflanzen bestehen ja zu 75 bis 90 % aus Wasser.

☺

Ich schlage dir folgendes Experiment vor, das du zu zweit ausführen solltest:

Nimm drei identische Gläser und gieße in jedes die gleiche Menge Wasser ein. Du verlässt nun den Raum, und die zweite Person hat folgende Aufgabe:

Sie nimmt eines dieser Gläser in beide Hände und beschimpft das darin befindliche Wasser aufs Übelste. Dem Wasser in Glas zwei hingegen sendet sie bedingungslose Liebe und Dankbarkeit. Das dritte Glas dient als Kontrolle. Wichtig ist, dass die Person sich merkt, wo die jeweiligen Gläser stehen, bevor sie dich zum Testen ruft.

Deine Aufgabe ist es nun, jedes Wasser zu probieren. Welches schmeckt dir am besten? Welches kommt auf Platz 2 und Platz 3?

Dr. Emoto machte seine Tests, indem er kleine Zettel mit Worten wie Hass, Wut, Ärger bzw. Liebe oder Dankbarkeit auf die Gläser oder Flaschen klebte oder diese mit Hardrock bzw. harmonischer Klassikmusik beschallte.

Was bedeutet dies für uns? Wenn wir mit unseren Gedanken und Gefühlen Einfluss auf jedes unserer Wassermoleküle haben und diese wiederum unser Befinden und unsere Gesundheit beeinflussen, so sollten wir uns überlegen, welche Energien wir auf sie ausstrahlen wollen.

Da Dankbarkeit diesbezüglich, wie es scheint, den positivsten Einfluss hat, so sollten wir erwägen, öfters einmal in dieser Energie zu »baden«. Ziel sollte es sein, eine immer höhere allgemeine Schwingung von Dankbarkeit aufzubauen, unabhängig von äußeren Faktoren, sodass wir eines Tages nicht mehr nur sagen: »Ich bin dankbar für ...«, sondern:

»Ich bin Dankbarkeit!«

In einer Schwingung von Dankbarkeit fällt es uns sehr viel leichter, die Dinge zu erschaffen oder in unser Leben zu ziehen, die wir ersehnen. Dankbarkeit ist außerdem auch unsere »Bezahlung« an unser Universum für die Dinge, die wir erschufen, erschaffen und erschaffen werden.

Notiere jetzt bitte all die Dinge, für die du *wirklich* dankbar bist (zehn reichen für den Anfang), wie z. B. Gesundheit, Freunde (mit Namen), Eltern, Kinder, Haustier, Auto, Wohnung, Haus, Nahrung, Luft, Wasser, Feuer, Elektrizität, Natur oder auch Organe (Herz, Augen, Ohren usw.), Knochen, Muskeln, Haut usw. Ergänze diese Liste täglich um weitere Punkte!

Solltest du Schwierigkeiten dabei haben, Dinge in deinem jetzigen Leben zu finden, so gehe zurück in deine Vergangenheit oder voraus in deine Zukunft und notiere Dinge, für die du dankbar warst oder sein wirst. Für das Gesetz der Anziehung gibt es *keine* Zeit. Es reagiert nur auf die Schwingungen deiner Gedanken und deiner Emotionen.

Deine Aufgabe für die nächsten Wochen ist es, täglich mehrmals, am besten zu den notierten »Warte«-Zeiten, in die Energie von Dankbarkeit zu gehen. Wie wäre es zum Beispiel mit einem täglichen zehnminütigen Dankbarkeits-Spaziergang?

Mit dem Ausstrahlen von Dankbarkeit wirst du mehr Dinge anziehen, für die du dankbar sein kannst. Hierfür gibt es nur eine Bedingung: Wenn du wirklich dankbar bist, dann gibst du diese Energie an dein Universum weiter. Geben solltest du aber nur um des Gebens willen und *nicht* zum Zwecke des Erhaltens. In Kapitel 8, »Die Kraft des Gebens«, komme ich noch ausführlich auf diesen wichtigen Aspekt zurück.

Dankbarkeit im Alltag

Auch bei ganz alltäglichen »Geschenken« solltest du in die Schwingung aufrichtiger Dankbarkeit gehen, diese ausstrahlen und auch deinen Mitmenschen gegenüber äußern. Dies können Dinge sein wie:

- eine Rechnung, die bezahlt wurde
- eine schöne E-Mail, SMS
- ein liebevoller Brief
- ein Kompliment
- ein Feedback für deine Arbeit
- ein Scheck in der Post

- ein (unerwartetes) Geldgeschenk
- ein Zuhören
- ein aufbauendes Gespräch
- ein gutes Essen
- eine gute Bedienung

- ein Lächeln
- usw.

»Immer wenn dir etwas Gutes widerfährt, ist dies ein aufrichtiges Dankeschön wert!«

In einem meiner Seminare machte mich eine Teilnehmerin auf Folgendes aufmerksam:

Hast du dir schon mal das Wort Gedanke genau angesehen?

Ge-*danke*

Interessant, oder?

Und denke daran: Dein großes Ziel bezüglich Dankbarkeit ist folgende Schwingung:

Ich bin Dankbarkeit!

Deine Nr.-1-Beziehung

>»Ohne frisches Heu werden die Pferde nicht satt,
ohne Beziehungen die Menschen nicht reich.«
aus China

Was ist deine Nr.-1-Beziehung? Ist es die Beziehung zu deiner Partnerin, deinem Partner, deiner Mutter, deinem Vater, deinem Kind usw.?

Und was empfindest du deiner Nr.-1-Beziehung gegenüber? Ist es Vertrauen, bedingungslose Liebe, Freude, Glück, Reichtum und Dankbarkeit?

Stell dir vor, deine Nr.-1-Beziehung wäre die zu deinem Universum, und all diese positiven Gefühle würdest du ihm gegenüber empfinden. In welche Richtung würde sich dein Leben verändern? Welche positiven Auswirkungen hätte dies wohl auf dein Erleben in Bezug auf deine finanzielle Situation, deine Gesundheit, deine Beziehungen und dein Glück?

Die Beziehung zu deinem Universum sollte die Nr. 1 sein. Es ist die einzige Beziehung, die du immer gehabt hast, hast und immer haben wirst vom Beginn deiner Seele bis zur Unendlichkeit.

Und stell dir nun vor, und du weißt es: *Dein Universum bist du – du bist dein Universum!*

Deine Mission/Bestimmung

>»Hartnäckige Übellaunigkeit ist ein allzu
>klares Symptom dafür, dass ein Mensch gegen
>seine Bestimmung lebt.«
>*José Ortega y Gasset*

Wir alle haben eine Bestimmung, eine Mission in unserem
Leben. Viele sind sich dessen bewusst, kennen diese vielleicht sogar oder haben wenigstens eine Ahnung davon.
Wenn diese Menschen nun ihre Ziele nach ihr ausrichten,
so werden sie immer – auf die eine oder andere Art – erfolgreich sein.

Kennst du deine Bestimmung?

In meiner Kindheit waren Superman, Old Shatterhand
und andere Helden meine Idole. Ihnen allen gemeinsam
war, dass sie über einzigartige Fähigkeiten verfügten, für
das Gute kämpften und sich für andere Menschen einsetz-
ten. Könnten vielleicht die Helden unserer Kindheit uns
einen Aufschluss über unsere eigene Mission geben?

Schon während meiner 15-jährigen Arbeit als Vermes-
sungstechniker (Old Shatterhand war auch Vermesser)
habe ich nach einzigartigen Methoden geforscht, Menschen mit emotionalen und körperlichen Beschwerden
zu helfen. Heute sehe ich es als meine Mission an, Menschen zu helfen, eine Bewusstseinsstufe von Dankbarkeit,
Vertrauen, Freiheit und Frieden zu erreichen. Je mehr
Menschen sich auf dieser Ebene befinden, desto mehr
wird auch unsere Welt zu einem Ort von Freiheit und
Frieden. Und genau das Letztere war auch die Mission
meiner Helden.

Wer waren die Helden deiner Kindheit, und ist deren Bestimmung vielleicht auch die deine?

Bezüglich des Gesetzes der Anziehung ist das Thema Mission von großer Bedeutung.

Je besser du deine Bestimmung erkennst oder auch nur erahnst und deine Ziele danach ausrichtest, umso erfolgreicher wirst du sein. Umso leichter und schneller wirst du auch Umstände, Personen, Techniken und Ressourcen in dein Leben ziehen, die dein Ziel und damit auch deine Mission unterstützen.

Im Gegensatz hierzu treten emotionale und körperliche Beschwerden und Erkrankungen meist dann auf, wenn wir gegen diese Bestimmung handeln oder unsere Ziele gegen sie ausrichten.

Woher weißt du nun, was deine Mission bzw. Bestimmung ist?

Und woher weißt du, dass das, was du tust, damit in Übereinstimmung ist? Ich möchte zuerst auf die zweite Frage eingehen. Du weißt, dass du in Übereinstimmung mit deiner Mission bist,

- wenn das, was du tust, dir leicht fällt,
- wenn du dabei in einen Zustand von »Flow« kommst,
- wenn dich alle Umstände dabei unterstützen, sie sich danach richten,
- wenn du Spaß dabei hast,
- wenn du dabei Leidenschaft und Begeisterung empfindest,
- wenn es sich durchweg gut anfühlt,
- wenn du dabei Zeit und Raum vergisst,
- wenn du dich dabei und danach voller Energie fühlst,
- wenn du dich dabei geerdet und voll in deiner Kraft fühlst,
- usw.

Notiere eine oder mehrere Tätigkeiten, bei denen einige oder viele dieser Punkte zutreffen:

... ...

Und jetzt, wenn du über diese Liste schaust, kannst du dahinter etwas Größeres, ein Ziel, eine Mission oder eine Bestimmung, eine Antwort auf die Frage »Warum bin ich hier?« erkennen?

Dies ist eine Möglichkeit, eine Vorstellung von deiner Mission oder Bestimmung zu bekommen.
Sollte dies nicht funktionieren, so biete ich dir noch drei weitere an. Lies diese Möglichkeiten erst einmal durch und entscheide dich für die, die sich am besten für dich anfühlt.

1. Meditiere täglich über die Frage: Was ist meine Mission, was ist meine Bestimmung, warum bin ich hier? (Erlaube jede Antwort!)

2. CD-Titel 5: Mission 1

Du weißt, es gibt einen Teil »in« dir, der die Antwort kennt. Wenn dieser Teil irgendwo in deinem Körper »wohnen« würde, wo wäre dies? Lege beide Hände in die Nähe bzw. auf diesen Ort, nimm Verbindung zu diesem unendlich weisen Teil auf und sage: »Hallo, ... (gib diesem Teil einen schönen Namen)! Ich brauche deine Hilfe, jetzt! Was ist meine Mission, was ist meine Bestimmung für dieses Leben, warum bin ich hier?« Stelle diese Frage nur einmal, erlaube jede Antwort und verabrede mit diesem Teil ein Signal, woran du erkennst, dass die Antwort von ihm kommt und nicht von deinem Ego. Dieses Signal kann ein Gefühl sein, wie wenn es plötzlich hell wird oder so, als ob du einen leichten Schlag über den Kopf bekommst. Es kann auch ein Symbol wie eine Sonne sein, ein Kodewort (Fantasiewort) oder Klingeln, das ihr verabredet habt und das dann plötzlich in deinem Kopf erklingt.

3. Tue so, als ob du deine Mission/Bestimmung für dieses Leben schon kennen würdest. Wie würdest du dich fühlen, wenn dies der Fall wäre? Gehe täglich einmal in diese Energie (»Ich kenne meine Bestimmung!«) und erlaube jede Antwort.

Vielleicht wirst du nie hundertprozentig wissen, was deine wahre Bestimmung ist. Wenn du es jedoch während des Spiels mit massiven Widerständen zu tun bekommst, weißt du, dass du dich wahrscheinlich mit ihr *nicht* in Übereinstimmung befindest.

Widerstände können sich äußern in:

· Erkrankungen
· fehlender Motivation
· Stagnation
· alles geht schwer und zäh
· du hast das Gefühl, das Gegenteil von dem anzuziehen, was du willst
· alles ist schlimmer als vorher
· usw.

Sei in diesem Fall aber auch dankbar für diese Zeichen. Sie bringen dir Klarheit und sparen dir Zeit, weil du jetzt weißt, dies ist nicht dein Weg, deine Mission ist eine andere, und vielleicht bekommst du gerade durch sie die Gewissheit:

»... ist meine Bestimmung!«

Notiere die Antwort auf die Frage nach deiner Mission, die du mithilfe der Übungen erhältst. Wenn du mehrere erhalten solltest, so notiere sie alle für dich auf einem separaten Blatt. Entscheide dich dann für die Mission, die sich für dich am besten anfühlt und die das übergeordnete Große beschreibt. Dieses Buch zu schreiben ist eins meiner Ziele; die Mission, die dahintersteht, ist, den Menschen und damit unserer Welt mehr Freiheit und Frieden zu bringen.

Meine Mission/Bestimmung für dieses Leben ist:
... ...

Solltest du bisher noch nicht fündig geworden sein, was deine Bestimmung betrifft, gehe von der folgenden aus. Sie beschreibt den Zustand deines wahren Ichs:

Meine Mission ist es, glücklich zu sein!

Deine Bestimmung ist ab jetzt dein Fixstern. Nach ihm richtest du zukünftig deine Ziele und Handlungen aus. In seinem Licht erkennst du, wie nichtig und unbedeutend all die kleinen Unwegsamkeiten deines Alltags sind, die dir dein Ego »schenkt«, im Vergleich zu der Größe deiner Mission.

CD-Titel 6: Mission 2

Mache es dir bequem und schließe deine Augen.

Sieh nach oben und finde einen Stern, der von nun an Glück und deine Mission symbolisiert. Es ist der hellste und größte Stern, den du jemals gesehen hast, und seine Energie und sein Licht reicht bis in die letzten Winkel deines Universums.

Werde dir nun deiner Bestimmung bewusst, die dieser alles überstrahlende Stern repräsentiert. Sieh sie, schmecke sie, rieche sie, fühle sie und sprich sie einige Male aus, im Lichte deines Sterns.

Tue dasselbe nun mit »Glück«. Vielleicht erinnerst du dich an eine Situation, die für dich wahres Glück bedeutet hat. Stelle dir vor, das Glück, das dein Stern verkörpert, ist hundertmal, ja tausendmal größer als jedes Glück, das du jemals erlebt hast. Es ist ein allumfassendes Glück, bedingungslos und die Essenz deines wahren Seins.

Erlebe dieses jetzt mit all deinen Sinnen, und wenn du es fühlst, sieh auf deinen Stern und sage mehrere Male laut: Glück, Glück, Glück.

Vielleicht erkennst du jetzt, dass dieser Stern, der von nun an Glück und deine Bestimmung repräsentiert, auch in dir existiert. Er ist ein Teil von dir. Innen wie außen und außen wie innen.

Du wirst ihn immer dort finden, wo du ihn suchst.

Atme jetzt einmal tief durch und komm in deinem Tempo wieder in deine Wirklichkeit zurück. Wenn du bemerkst, dass du dich in einem negativen Zustand befindest, dann werde dir deines Sterns bewusst und damit vielleicht der relativen Nichtigkeit deines aktuellen Problems.

Gleiche von nun an auch immer deine Wünsche, Ziele und Handlungen mit diesem Stern ab. Je größer die Resonanz, desto effektiver wird die Manifestation sein.

Werte und: Was macht dir Spaß, macht dich glücklich?

»Das Glück deines Lebens hängt von der
Beschaffenheit deiner Gedanken ab.«
Marcus Aurelius

Werte

Als Werte bezeichne ich in diesem Zusammenhang Dinge oder auch emotionale Zustände, die uns *wirklich* wichtig sind. In meinem EFT-Buch (S. 322–326) gehe ich sehr explizit darauf ein. Für unseren Zweck reicht es, wenn du jetzt gleich fünf Punkte notierst, auf die du in keinem Fall verzichten kannst. Dies können Werte sein wie Freiheit, Erfolg, Liebe, Vertrauen, Gesundheit usw., aber auch Personen oder Dinge.

Wichtig hierbei ist, dass es sich nicht um Werte handelt wie ein *übermäßiges* Verlangen nach Kontrolle, Sicherheit, Freiheit oder Liebe. Dieses wird ausnahmslos von unserem Ego bestimmt, und du solltest diese Übermäßigkeit zu deinem Wohle loslassen. Kontraproduktiv sind auch Werte, die dich von anderen abhängig machen, wie beispielsweise Anerkennung.

In meiner NLP-Ausbildung gab es eine Übung mit dem Titel »Mein höchster Wert«. Ich notierte damals Freiheit und Anerkennung. Als meine Trainerin dies sah, sagte sie: »Christian, Anerkennung ist eine Mausefalle. Sie macht dich abhängig von anderen.« Die Lösung war schließlich: »Frei wie ein Vogel und mit mir selbst zufrieden!«

Notiere deine fünf höchsten Werte. Schicke zuvor dein Ego auf Urlaub und verbinde dich mit deiner Herzenergie, indem du eine Hand auf die Mitte deiner Brust legst.

Was ist dir *wirklich* wichtig?

Bringe abschließend diese fünf Punkte in eine Hierarchie, wobei 1 dein höchster Wert ist.

Wirklich wichtig ist mir ...

Was macht mir Spaß, macht mich glücklich?

Deine Ziele sollten auch immer auf Freude ausgerichtet sein bzw. Tätigkeiten beinhalten, die dir Spaß machen, die du liebst, die dir Freude bereiten oder dich glücklich machen. Ausgerichtet sein heißt hier auch, dass diese Ziele dir genügend Zeit und Gelegenheit bieten, diese schönen Dinge zu tun.

Stell dir einmal vor, dein Ziel ist es, *eigenhändig* ein Buch zu schreiben. Du hasst zwar die Tipperei und hast große Probleme, deine Gedanken zu Papier zu bringen. Du liebst es jedoch, deine Geschichten anderen zu erzählen, was dir stets großen Beifall bringt. Eine Lösung wäre dann ein Ghostwriter, eine andere ein Audio-Buch auf CD oder DVD.

Wenn du deine Ziele nach Tätigkeiten ausrichtest, bei denen du »im Flow« bist, so bist du damit unwillkürlich auch in Übereinstimmung mit deiner Mission.

Notiere jetzt also mindestens zehn deiner bevorzugten Aktivitäten und bringe auch diese in eine Hierarchie.

Ich liebe es/Es macht mir Spaß und Freunde/Es macht mich glücklich, wenn ich ...

Habe Spaß dabei, in den nächsten Wochen möglichst viele dieser schönen Dinge zu tun.

Dein emotionales Führungssystem – Intuition

»Was wirklich zählt, ist Intuition.«
Albert Einstein

Wir alle haben ein wunderbares System, das uns anzeigt, ob wir uns in die richtige Richtung bewegen, ob unser Ziel das richtige ist und ob es uns hilft, gute Entscheidungen zu treffen. Esther und Jerry Hicks nennen dieses in ihrem sehr empfehlenswerten Buch *The Law of Attraction* (leider bisher nur in englischer Sprache) das »Emotional Guiding System«.

Es gibt nur zwei Arten von Emotionen (Emotionen = Energy in Motion = Energie in Bewegung): *negative und positive.*

Negative Emotionen zeigen uns:

· Wir bewegen uns in die falsche Richtung.
· Wir tun etwas gegen unsere Bestimmung, Glaubenssätze, Überzeugungen und Werte.
· Wir tun etwas, was wir *nicht* wollen.
· Wir sind dabei, eine falsche Entscheidung zu treffen.
· Unser Ziel ist keine Herzensangelegenheit.
· Usw.

Positive Emotionen zeigen uns:

- Wir bewegen uns in die richtige Richtung.
- Wir handeln gemäß unserer Bestimmung, Glaubenssätze, Überzeugungen und Werte.
- Wir tun etwas, das wir wollen und mit Freude tun.
- Wir haben eine gute Entscheidung getroffen.
- Unser Ziel kommt von Herzen.
- Usw.

Dies ist im Allgemeinen ein Fakt. Es kann jedoch auch sein, dass wir ein Ziel ansteuern wollen, welches eine Herzensangelegenheit ist, wir jedoch wegen etwaiger Erwartungen, möglicher negativer Konsequenzen oder Unannehmlichkeiten eine eher negative Emotion dazu haben. Das Gleiche gilt auch für unsere Entscheidungen und Handlungen.

Deine Aufgabe ist es nun, herauszufinden: Geht die negative Emotion von deinem Ziel, deiner Entscheidung oder Handlung aus oder von Befürchtungen, die damit verbunden sind?

Sollten Befürchtungen, Widerstände, negative Gedanken, einschränkende Glaubenssätze usw. der Grund sein, so hast mit den Spielhelfern (Kap. 3) Möglichkeiten, diese aufzulösen, um in eine positive Schwingung zu kommen.

Sollte jedoch dein Ziel, deine Entscheidung oder Handlung die Ursache der negativen Schwingung sein, so hast die Möglichkeit, ein anderes Ziel zu wählen, das alte zu modifizieren, eine andere Entscheidung zu treffen oder anders zu handeln. Die Antwort auf diese Herausforderung ist es, Ziel, Entscheidung und Handlung erst einmal unabhängig von jeder möglichen Erwartung und Befürchtung zu sehen und zu fühlen. (Diese gibt es vorläufig gar nicht, sie können später immer noch aufgelöst werden, bzw. das Universum wird uns einen Weg zeigen.) Tust du dies, dann schickst du damit dein Ego erst einmal auf Urlaub.

Ist dies geschehen, so stell dir die Frage: »Wie fühlt sich mein Ziel *jetzt* an?« Und nun kannst du dich auf dein emotionales Führungssystem verlassen!

Zur Hilfe kannst du dir auch Fragen stellen wie: »Wenn Zeit, Geld, etwaige Unannehmlichkeiten und Befürchtungen *kein* Thema wären, welches Ziel würde ich wählen, welche Entscheidung würde ich treffen, oder wie würde ich handeln?«

Oder: »Wenn ich genau (zu 100 %) wüsste, ich habe Erfolg, welches Ziel würde ich wählen, welche Entscheidung würde ich treffen, oder wie würde ich handeln?«

Dies ist insbesondere wichtig, wenn dir in Bezug auf dein Ziel mehrere Türen gleichzeitig geöffnet werden und du entscheiden darfst, durch welche Tür du gehst.

«Welche Tür fühlt sich am besten an, unabhängig von etwaigen Befürchtungen, Unannehmlichkeiten, Zeit und Geld?«

Oder: »Welche Tür würde ich wählen, wenn ich genau (zu 100 %) wüsste, ich habe Erfolg?«

Diese Vorgehensweise kann dir viel Zeit sparen und dich vor Enttäuschungen bewahren.

Wie sieht es nun mit positiven Gefühlen aus? Ist diesen immer zu trauen? Im Allgemeinen ja! Jedoch auch hier kann es sein, dass dein Ego dir bezüglich eines Ziels, einer Entscheidung oder Handlung gute Gefühle schickt, die jedoch nicht zu deinem Wohle sind.

Ein Beispiel:
Du lebst seit vielen Jahren in einer unbefriedigenden Beziehung. Der einzige Grund, warum du dich noch nicht von dieser Person getrennt hast, ist die Erinnerung an eine

kurze, aber wunderschöne Zeit zu Beginn. Diesen wenigen Tagen oder Wochen rennst du hinterher, wie ein Hund einer Wurst.

Und nun stell dir einmal vor, du triffst deine Entscheidungen, setzt deine Ziele und handelst bezüglich deiner Partnerschaft aufgrund dieser kurzen Zeit des gemeinsamen Glücks. Vielleicht geben dir diese Entscheidungen und Ziele oberflächlich ein gutes Gefühl, doch gründen sie auch auf deiner Realität?

Wie wäre es, wenn du deine Ziele, Entscheidungen und Handlungen unabhängig von diesen extremen Glücksmomenten, aber auch den besonders negativen Momenten, das heißt aufgrund deines Beziehungsalltags setzen, treffen bzw. ausführen würdest? Wäre dies nicht eine bessere, weil wirklichkeitsnähere Grundlage?

Intuition

Intuition ist der Schlüssel zu einem emotionalen Führungssystem, dem du vertrauen kannst.

Intuition sind Gedanken und Gefühle, die frei von deinem Ego in dein Bewusstsein kommen.

Intuition ist auch unabhängig von Zeit und Raum.

Intuition ist eine erstaunliche Fähigkeit, die jeder von uns besitzt.

 CD-Titel 7: Intuition

Mache es dir bequem und schließe die Augen.

Vielleicht kannst du dich an einen Zeitpunkt erinnern, an dem du intuitiv eine wichtige und richtige Entscheidung (z. B. dieses Buch zu kaufen ☺) für dein Leben getroffen hast. Eine Entscheidung, die tief in dir ein positives Gefühl von »Tu es! Es ist genau das Richtige!« ausgelöst hat.

Wenn du jetzt diese Situation noch einmal mit allen Sinnen erlebst: Wo in deinem Körper erlebst du dieses Gefühl oder glaubst du, dieses Gefühl erlebt zu haben? Lege deine Hand jetzt auf diese Stelle und sage laut: *Danke.*

Erinnere dich nun an eine ähnliche Situation, in der du jedoch aufgrund deines intuitiven Gefühls die richtige Entscheidung trafst, etwas *nicht* zu tun. Dieses eher negative Gefühl »sagte« laut und deutlich: »Tu es *nicht*! Es *nicht* zu tun ist die richtige Entscheidung!« Und so war es auch.

Erlebe auch diese Situation noch einmal mit all deinen Sinnen und erkenne noch einmal den Ursprungsort dieses Gefühls, deiner Intuition. Lege deine Hand nun wiederum auf diese Stelle und sage laut: *Danke.*

Denke abschließend an eine aktuelle oder zukünftige Sache, betreffs derer du eine »Tu-es«- oder »Lass-es«-Entscheidung treffen willst. Wenn du diese Angelegenheit jetzt erlebst, in Hinblick auf diese beiden Wahlmöglichkeiten: Was sagt dir dein intuitives Gefühl, und wo genau fühlst du dieses? Ist es der gleiche Ursprungsort wie bei den vorherigen Situationen, oder liegen diese weit auseinander? Ist es die gleiche Stelle, dann lege deine Hand auf diesen Ort und sage laut: *Danke.*

Kehre jetzt abschließend in deinem Tempo in deine Realität zurück.

Solltest du mithilfe dieser Übung erkannt haben, dass deine Intuition immer von einem bestimmten Ort in deinem Körper ausgeht, so kannst du diese Erkenntnis zukünftig nutzen, um zu unterscheiden, ob positive oder negative Gefühle, deine Ziele, Entscheidungen oder Handlungen betreffend, eher von deinem Ego stammen oder deiner Intuition.

Im Allgemeinen ist es so, dass die Intuition eher von unserem Bauch ausgeht. Wir sprechen daher auch gerne von unserem Bauchgefühl. Sollte dir also die vorherige Übung keinen Aufschluss gebracht haben, so stell dir doch zukünftig einmal die Frage: »Was sagt mein Bauchgefühl?«, bevor du eine Entscheidung triffst.

Wichtig ist es, dass du von heute an deiner Intuition vertraust. Je mehr du dies tust, desto mehr wird sie dich unterstützen.

Dein Spielbereich

> »Es ist besser, unvollkommene Entscheidungen durchzuführen, als beständig nach vollkommenen Entscheidungen zu suchen, die es niemals geben wird.«
>
> *Charles de Gaulle*

Es ist nun so weit, dass du dich für einen Lebensbereich entscheidest, in dem du das Gesetz der Anziehung gezielt anwenden möchtest. Es gibt fünf Hauptbereiche in unserem Leben, und diese sind:

· Beruf/Finanzen
· Beziehungen/Partnerschaft
· Gesundheit (emotional, körperlich)
· Wissen/Lernen (auch Hobby und Sport)
· Spiritualität (Glaube, Bewusstseinsebene, Gottvertrauen)

Alle diese Bereiche sind natürlich miteinander verbunden. Veränderungen in dem einen führen auch zu Bewegungen in den vier anderen. Dies gilt insbesondere für die spirituelle Ebene. Nehmen wir einmal an, du entscheidest dich, nach den buddhistischen Lehren zu leben. Wird dies Auswirkungen auf deine Gesundheit, deine Beziehungen, deinen Beruf oder dein Lernen haben? Mit großer Sicherheit ja!

Selbstverständlich kannst du später auch parallel Ziele in verschiedenen Bereichen ansteuern, solange diese sich nicht gegenseitig blockieren, sondern unterstützen. Bevor du dich für einen Bereich entscheidest, solltest du dir auch vergegenwärtigen, dass deine emotionale und körperliche Gesundheit großen Einfluss auf deine Schwingung und damit auf die Manifestation deiner Wünsche hat. In Zuständen von Schmerz, allgegenwärtiger Angst, Schuld, Trauer oder Depression wird es dir umso schwerer fallen, Wünsche in Bezug auf Finanzen, Beruf, Wissen, Lernen und Beziehungen zu verwirklichen.

Bevor du dich diesen Zielen zuwendest, solltest du LOA erst einmal gezielt auf deine Gesundheit anwenden, insbesondere in den Phasen, wo es dir (einigermaßen) gut geht. Im späteren Abschnitt »Spielbereiche« findest du noch weitere wertvolle Unterstützung.

Sollte es dir gesundheitlich (emotional und physisch) gut gehen, so gebe ich dir jetzt noch ein paar Entscheidungshilfen:

Am einfachsten ist es, die Entscheidung zu treffen, wenn nur einer dieser fünf Bereiche Veränderungen benötigt, also in vieren alles zur Zufriedenheit verläuft. Sollten jedoch mehrere Bereiche zu wünschen übrig lassen, so stelle dir Fragen wie: In welchem dieser Bereiche ist die »Not« am größten, wo ist die Schwingung am geringsten? Welcher Bereich beeinflusst die anderen in negativer Hinsicht am meisten? Welcher Bereich muss als Erstes angegangen werden, um die anderen positiv zu beeinflussen?

Ich möchte dir empfehlen, erst einmal den Bereich »Spiritualität« auszuklammern. Dieses Buch allein wird, wenn du die hier vorgestellten Ideen und Erkenntnisse verinnerlichst und anwendest, zu positiven Veränderungen in dem Bereich beitragen.

Die fünf primären Lebensbereiche

Lege dich jetzt endgültig fest:

Mein Spielbereich ist: _____

Dies ist das Ende der Spielvorbereitung, bei der es um Feng-Shui, Dankbarkeit, Ressourcen, Erhöhen der allgemeinen Schwingung, Mission, Intuition, Werte, Spaß, Freude und um Spielbereiche ging. Diese Vorbereitung dient primär dem Zweck, deine Erfolgschancen in Bezug auf deine Ziele zu erhöhen. Vielleicht bringt sie dir zusätzlich auch noch Erkenntnisse und Erfahrungen, die sich allgemein positiv auf dein Leben auswirken.

5. Das Spiel beginnt

»Spiel und Freude sind wie die zwei Seiten
einer kleinen Münze. Sie zu missachten,
heißt auf Reichtum zu verzichten.«

unbekannt

Die Spielvorbereitung ist nun abgeschlossen. Sie dient, wie gesagt, primär dazu, deine Erfolgschancen im Hinblick auf deine spezifischen Ziele zu optimieren. Die Erfahrung lehrt uns leider, dass normalerweise von den festgelegten Zielen nur wenige erreicht werden. Solltest du dich jedoch an die Vorgaben halten, so wird deine Erfolgsquote ungleich höher sein und im günstigsten Fall bei oder nahe bei 100 % liegen. Ich stelle dir das LOA-Spiel jetzt in Kürze vor und gehe anschließend auf jeden der Schritte ausführlich ein.

Das LOA-Spiel in Kürze

1. Akzeptiere deine jetzige Situation. Nimm sie an, sei dankbar und lass sie los.
2. Sei dir darüber klar, was du *wirklich willst* (Herzensziel), und *notiere* es in allen Einzelheiten. Formuliere dein Ziel positiv, in der 1. Person Einzahl und Gegenwartsform. Es muss dich begeistern! Allein schon wenn du daran denkst, empfindest du Freude, Glück und Spaß.

3. Behandle mit den *Spielhelfern* alle deine *Widerstände und Blockaden*, wie einschränkende Glaubenssätze und negative Emotionen, die dich daran hindern, dein Ziel bereits erfüllt zu erleben. Erst dann kannst du Gesundheit, Reichtum, Harmonie, Freude, Spaß, Glück, Dankbarkeit usw. ausstrahlen und zu einem »Magneten« dafür werden.

4. *Manifestieren*
Mache dir ein *Bild*, steige da hinein und erlebe dein Ziel mit allen Sinnen. Stell dir dabei vor, du hast es schon erreicht – und das hast du auch. Indem du daran denkst, ist es schon existent! Hole diese neue Realität ins *Hier und Jetzt*, und fühle die wunderbaren *Emotionen*, die dies bei dir auslöst. (Diese Emotionen bringen dich in die richtige Schwingung bzw. Frequenz.) Strahle diese Energie aus, sie wird mit gleichartiger Energie resonieren und diese anziehen: »*Alles, worum ihr betet und bittet – glaubt nur, dass ihr es schon erhalten habt, dann wird es euch zuteil.*« (Markus 11, Vers. 22–24)

5. Sei dankbar dafür. Sei dankbar, dass dein Wunsch sich schon erfüllt hat. Fühle diese *Dankbarkeit* und sende sie aus an dein Universum, und du wirst mehr Dinge erhalten, für die du dankbar sein kannst.

6. Wiederhole die Schritte 4 und 5 so oft wie möglich und habe unbegrenzten *Spaß* dabei!

7. *Lass los*, erlaube und nimm an. Loslassen heißt:
   a. Sorge dich *nicht* um die Art und Weise, wie deine Wünsche erfüllt werden. Erlaube jede Möglichkeit. Sei offen für alles.
   b. Sorge dich *nicht* darum, ob dein Wusch erfüllt wird oder nicht. Du weißt, dass er sich erfüllt, zum perfekten Zeitpunkt und in der perfekten Art und Weise und zum Wohle aller.
   c. *Vertraue* fest dem Gesetz der Anziehung und deiner Schöpferkraft.

8. Beachte die *Zeichen* und folge deiner *Intuition*. Türen werden sich öffnen, und Möglichkeiten werden sich auftun. Erkenne sie und *handle*.

Schritt 1: Akzeptiere deine jetzige Situation und lass sie los

Erinnere dich:

DEINE jeweilige Situation, was immer sie auch sei, ist das direkte Resultat DEINER Gedanken, Gefühle und Handlungen und liegt damit zu 100% in DEINER EIGENEN Verantwortung!

Du hast es erschaffen, dieses Hier und Jetzt, bewusst oder auch unbewusst. Ob es sich dabei um Schulden auf der Bank, eine Krankheit, eine schlechte Beziehung, einen miesen Job oder was auch immer handelt.

Akzeptiere es, nimm es an und lass es los. Es ist das Resultat deiner *Vergangenheit.* Im *Hier und Jetzt* kannst du dir eine andere, bessere Realität erschaffen.

Voraussetzung hierfür ist jedoch, dass du erst einmal den »Krieg« gegen dieses Jetzt beendest und mit ihm Frieden schließt. Dies versteht man unter Akzeptieren bzw. Annehmen. Erst dann ist Loslassen überhaupt möglich.

Sicherlich hast du irgendwo in deinem Blickfeld einen Stift oder etwas Ähnliches liegen. Ohne dass du diesen jetzt aufnimmst, konzentriere dich auf ihn und lass ihn los ...

Geht nicht, oder? Er bleibt, wo er ist, es sei denn, du hast telekinetische Fähigkeiten.

Jetzt nimm den Stift in eine Hand, öffne diese und lass ihn los (fallen).

Funktioniert schon besser, oder?

Wir können also nur etwas loslassen, das wir vorher angenommen haben. Nicht umsonst ist dies der erste Schritt bei Techniken wie EFT oder auch der Sedona-Methode.

Wie könnte dieses Annehmen und Loslassen nun praktisch aussehen?

Nehmen wir einmal an, du hast den Bereich Beziehungen/Partnerschaft gewählt, weil du das Single-Leben mehr oder weniger »zum Kotzen« findest.

Als Erstes würde ich dir vorschlagen, ein- oder zweimal durch die Reframing-Fragen (siehe Kapitel »Spielhelfer«, Abschnitt »Reframing« oder auch CD) zu gehen. Dies wird deine Gefühle und Akzeptanz im Hinblick auf dein Thema (Single) sicherlich verändern bzw. erhöhen und dir das Annehmen erleichtern. Bedanke dich abschließend für diese vergangene Realität (Wer weiß, wofür sie gut war!), lass sie los und entscheide dich für eine andere, bessere, die du in Schritt 2 näher definieren wirst.

Alternativ oder ergänzend könntest du natürlich auch die anderen Spielhelfer dein Thema betreffend anwenden, um diesbezügliche negative Gefühle aufzulösen bzw. loszulassen.

Schließe Frieden mit deiner Vergangenheit und deiner derzeitigen Situation, sei dankbar, lass sie los und entscheide dich (offen zu sein) für eine neue, wundervolle Wirklichkeit.

Schritt 2: Dein Herzensziel

Dieser zweite Schritt des LOA-Spiels ist wohl der mit Abstand wichtigste. Aus diesem Grund werde ich auf ihn in aller Ausführlichkeit eingehen.

Es ist sicher nicht notwendig, bei jedem Ziel, das du dir setzt, all die hier genannten Anregungen und Kriterien zu beachten. Ich empfehle dir jedoch, den folgenden Prozess ein- oder zweimal komplett durchzuführen. Tust du dies, so wird er sich mit der Zeit automatisieren. Mithilfe der Checkliste am Schluss dieses Spielabschnittes dauert es dann nur noch Minuten von deinem Wunsch bis zu deinem Power-Ziel.

Die größte Herausforderung ist es wohl, erst einmal ein Ziel zu finden, das man wirklich, wirklich erreichen möchte – ein Herzensziel.

Bob Proctor, ein bekannter amerikanischer Coach und Bestsellerautor, sagte diesbezüglich in einem CNN-Interview: »*If it is not your heart-decision, you waste your time!*«

Wenn es nicht eine Entscheidung des Herzens ist, vergeudest du deine Zeit!

Wenn ich in diesem Zusammenhang von Herzenszielen spreche, dann sind damit natürlich nicht Wünsche gemeint wie ein Parkplatz, eine Musik-CD, Film-DVD oder eine Kino-Eintrittskarte. Im Kapitel »LOA im Alltag« gehe ich aber auch auf diese Dinge ein.

Herzensziele sind Wünsche, die du dir aus tiefstem Herzen ersehnst. Dabei kann es sich um eine Reise zu einem exotischen Ort, eine neue harmonische Partnerschaft, eine hohe Geldsumme, die Genesung von einer ernsthaften Erkrankung oder auch um ein neues Heim für die Familie handeln.

Sicher hast du, als du deinen Spielbereich gewählt hast, dies schon im Hinblick auf ein ganz bestimmtes Ziel oder auch Problem getan.

Sollte Ersteres der Fall gewesen sein, so notiere jetzt dieses Ziel und entscheide, ob dieser Wunsch wirklich aus tiefstem Herzen kommt: »Willst du das *wirklich?*«

... ...

Sollte dies nicht der Fall sein, so kann dir vielleicht die sogenannte *Kontrastmethode* helfen.

Im Allgemeinen wissen wir eher, was wir nicht (mehr) wollen, als was wir wirklich wollen, das heißt, wir sind eher auf das Problem als auf das Ziel fixiert.

Diesen Umstand kannst du verwenden, um das zu erkennen, was du im Gegensatz (Kontrast) dazu erreichen willst.

Einige Beispiele:

Ich will nicht (mehr) ... (Problem)	Ich will ... (Ziel)
arbeitslos sein	eine neue Arbeitsstelle
gemobbt werden	mich wohl fühlen auf meiner Arbeitsstelle
einen Beruf ausüben, der schlecht bezahlt wird und mir keinen Spaß macht	mit einer Tätigkeit viel Geld verdienen, die mir viel Spaß macht
alleine sein	eine neue Partnerschaft neue Freundschaften
in dieser kleinen Wohnung hausen	eine neue große Wohnung ein eigenes Haus
jeden Cent umdrehen müssen	ein Einkommen, mit dem ich mir all meine Wünsche erfüllen kann

mich den ganzen Tag so müde fühlen	mich vital und voller Energie fühlen
diese Angst haben, vor Menschen zu sprechen	es genießen, vor vielen Menschen zu sprechen
diese Angst vor dem Tod haben	den Glauben haben, dass der Tod nur den Eintritt in eine viel schönere Existenz bedeutet
wegen jeder Kleinigkeit einen Computerspezialisten anrufen müssen	so viel PC-Kenntnisse erwerben, um mit den meisten Soft- und Hardwareproblemen umgehen zu können

Diese Methode kannst du später noch dazu verwenden, dein Ziel detaillierter zu beschreiben.

Solltest du bei der Wahl deines Bereiches von einem Problem ausgegangen sein, so kontrastiere jetzt dieses mit dem, was du dir stattdessen wünschst. Schreibe dieses Ziel auf ein separates Blatt Papier:

... ...

100%-Ziel

Wie kannst du nun wissen, dass dein Ziel wirklich einen Herzenswunsch repräsentiert? Solltest du schon nach wenigen Tagen oder Wochen oder bei den geringsten Widerständen oder Rückschlägen dein Ziel aus den Augen verlieren oder gar aufgeben, so weißt du mit Sicherheit, dass es kein 100%-Ziel war.

Um diesem vorzubeugen, schlage ich dir folgende kleine Übung vor:

Erinnere dich an ein Ziel aus deiner Vergangenheit, welches du unter allen Umständen erreichen wolltest und trotz vieler Widerstände, Mühen und Rückschläge schließlich auch erreicht hast.

Dieses Ziel sollte auf einer Skala von 0 bis 100 (100 bedeutet: Dafür würde ich alles tun, egal was es kostet, wie lange es dauert, was andere sagen, usw.) eine 100 gewesen sein.

Jetzt nimm dein gewähltes Ziel, notiere es nochmals und bewerte es bezüglich dieser 0-bis-100-Skala.

Wert: ...

Sollte dein gewähltes Ziel *nicht* bei 100 sein, so fällt es *nicht* in die Kategorie der 100%-Ziele. Sollte es jedoch eine glatte 100 sein, so wirst du es mit fast 100 % Sicherheit auch erreichen.

Nehmen wir einmal an, der Wert für dein Ziel ist *nicht* bei 100. Dann kann dir die folgende Frage vielleicht helfen, ein Ziel hinter diesem Ziel zu finden, welches einer 100 entspricht:

1. Stell dir vor, du hättest dein gewähltes Ziel erreicht. Was ist der *größte* Gewinn/Nutzen, den du davon hast? Notiere diesen und bewerte ihn auf einer Skala von 0 bis 100: Wert: ...

2. Stell dir nun vor, du hättest diesen Gewinn/Nutzen. Was ist der *größte* Gewinn/Nutzen, den du davon hast? Notiere diesen und bewerte ihn auf einer Skala von 0 bis 100: Wert: ...

3. Wiederhole Schritt 2, bis der Wert für deinen Gewinn/ Nutzen 100 ist. Dann hast du dein 100%-Ziel gefunden.

Notiere jetzt dein 100%-Ziel:

... ...

Hierzu ein Beispiel:
Eine Patientin kommt zu mir mit einem Übergewichtsproblem.

Die erste Zielaussage, die wir definieren, lautet: Ich wiege 65 kg (Wunschgewicht) und bin gesund!
Der Wert für dieses Ziel liegt bei 60.

Ich frage sie: Stell dir vor, du wiegst 65 kg, was wäre dein größter Gewinn davon? Was wäre das Tollste daran?
Sie antwortet: Dann würde ich mich nicht mehr so schämen in der Öffentlichkeit.
Zweite Zielaussage: Ich fühle mich sicher und wohl in Gegenwart von anderen!
Wert: 75

Ich frage sie: Stell dir nun vor, du fühlst dich sicher und wohl in Gegenwart von anderen, was wäre dein größter Gewinn davon? Was wäre das Tollste daran?
Sie antwortet: Dann würde ich, anstatt abends zu Hause zu sitzen, ausgehen und vielleicht auch einen netten Mann kennenlernen.
Dritte Zielaussage: Ich liebe es, auszugehen und lerne dabei einen netten Mann kennen!
Wert: 90

Ich frage sie: Stell dir nun vor, du liebst es, auszugehen und lernst dabei einen netten Mann kennen, was wäre dein größter Gewinn davon? Was wäre das Tollste daran?

Sie antwortet: Dann wäre ich nicht mehr allein und unglücklich.

Vierte Zielaussage: Ich bin dankbar und glücklich, in einer wundervollen und harmonischen Beziehung zu leben!
Wert: 100

Wie du siehst, müssen 100%-Ziele (hier im Bereich Beziehung) nicht immer in dem Bereich liegen, von dem man am Anfang ausgeht (hier Gesundheit, Übergewicht). Die Frage ist nun: Wird sich bei dieser Frau auch etwas tun bei ihrem Einstiegsproblem, dem Übergewicht?

Die Motivation hierzu wird mit dem Ausblick auf ihr 100%-Ziel auf alle Fälle größer sein. Vielleicht lernt sie ja auch schon in Kürze ihren neuen Partner kennen, der sie so liebt und akzeptiert, wie sie ist. Wenn dies passiert, dann ist auch der wahrscheinliche Grund für ihr Übergewicht (Gefühl von Einsamkeit und Unglücklichsein) verschwunden, und die Pfunde purzeln von alleine.

Ich habe in diesem Beispiel bewusst das Ziel sehr offen gehalten. Eine harmonische, wundervolle Beziehung beinhaltet ebenfalls die Beziehung zu sich selbst. Als Ziel wäre dies wohl keine 100 gewesen, doch dieser Aspekt steht dahinter, und dies würde ich ihr auch klarmachen.

Ich würde dir empfehlen, selbst wenn dein Ziel schon bei 100 ist, dir die Frage nach dem Gewinn noch einmal zu stellen. Manchmal verbirgt sich selbst hinter einer 100 noch etwas Anziehenderes. Höre erst auf damit, wenn der Wert wieder sinkt.

100%-Ziele haben den Vorteil, selbst dann erreicht zu werden, wenn Widerstände, Befürchtungen oder gar Blockaden ihnen im Weg stehen, die bei einem 90%-Ziel erst aufgelöst werden müssen.

Kommen wir nun zu Anregungen und Kriterien bzw. Regeln für Zielaussagen und deren optimale Formulierung. Zu Beginn gehe ich dabei auf die grundlegendsten ein.

Übereinstimmung mit deiner Mission/Bestimmung

Dies bezieht sich auf die Spielvorbereitung. Das Ziel, das du wählst, sollte unbedingt in Übereinstimmung mit deiner Mission sein. Ist dies der Fall, so werden viel weniger Widerstände dagegen auftauchen. Ziele, die gegen deine Mission sprechen, sind meist zum Scheitern verurteilt.

Ist dein Ziel in Übereinstimmung mit deiner Mission? Wenn ja, gehe weiter zum nächsten Punkt.

Wenn nein, dann formuliere dein Ziel dementsprechend oder wähle ein anderes.

In Übereinstimmung mit deinen Werten und den Dingen, die dir Spaß machen

In der Vorbereitung habe ich dir aufgetragen, zwei Listen zu erstellen mit den Dingen, die dir wichtig sind, und Dingen, die du gerne tust bzw. die dir Spaß machen.

Ist dein Ziel in Übereinstimmung mit diesen Dingen? Wenn ja, gehe weiter zum nächsten Punkt.

Wenn nein, dann formuliere dein Ziel dementsprechend oder wähle ein anderes.

Kein Kompromiss oder nach den Erwartungen anderer

Dein Ziel sollte auf *keinen* Fall ein Kompromiss sein, z. B. etwas, was du selbst von dir erwartest, oder etwas, wovon du glaubst, dass andere es von dir erwarten.

Was willst *DU* wirklich?
Ist dies bei deinem Ziel der Fall?
Wenn ja, gehe weiter zum nächsten Punkt.
Wenn nein, dann wähle ein anderes Ziel oder formuliere es dementsprechend.

Endresultat

Wähle immer das Endresultat von dem, was du erreichen willst, und nicht ein Zwischenziel.

Ein kleines Beispiel: Nehmen wir an, deine Heilpraktikerprüfung steht vor der Tür. Ziel könnte sein, diese zu bestehen. Aber was wäre das Endresultat? »Ich bin Heilpraktiker mit einer florierenden, wunderschönen Praxis in ausgezeichneter Lage.«

Wie fühlt sich dies an im Gegensatz zu »Ich bestehe die Heilpraktikerprüfung«? Irgendwie anziehender, oder?

Beschreibt dein Ziel nun das Endresultat?
Wenn ja, gehe weiter zum nächsten Punkt.
Wenn nein, formuliere es dementsprechend.

Emotionales Führungssystem – Intuition

Im Endeffekt geht es darum, dass sich dein Ziel gut anfühlt. Mal abgesehen von Widerständen, Befürchtungen und Zweifeln deines Egos, sollten Kopf, Herz und insbesondere Bauch mit positiven Gefühlen deinen Herzenswunsch unterstützen.

Ist dies der Fall?
Wenn ja, gehe weiter zum nächsten Punkt.
Wenn nein, dann formuliere dein Ziel dementsprechend oder wähle ein anderes.

Formale Kriterien

Kommen wir nun zu den eher formalen Kriterien für Affirmationen bzw. Zielaussagen:

- 1. Person Einzahl, also Ich-Form
- Gegenwartsform, so als ob du es schon erreicht hättest
- *Positiv* formuliert – *keine* Negationen
- Realistisch, d. h. in dein Glaubenssystem passend
- Attraktiv, d. h. anziehend
- Spezifisch, doch so kurz wie möglich

1. Person Einzahl, also Ich-Form

Formuliere deine Affirmation in der 1. Person Einzahl und so, dass sie nur für dich gilt. Beziehe *nicht* andere Personen mit ein.

Nicht: Mein Chef gibt mir eine Gehaltserhöhung.

Sondern: Ich bin es wert, eine Gehaltserhöhung zu bekommen.

Nicht: Gerhard liebt mich.

Sondern: Ich bin liebenswert.

Du kannst nur für dich »schwingen«!

Dies bedeutet aber nicht, dass du mit deiner Schwingung keinen Einfluss auf andere hast, im Gegenteil.

Über diesen Punkt »1. Person Einzahl, Ich-Form« habe ich mich während des Schreibens dieses Buches mit einem guten Freund unterhalten. Wir kamen zu dem Ergebnis, dass es durchaus andere Möglichkeiten gibt, die eventuell sogar eine bessere Schwingung erzeugen könnten, wie z. B. die 2. oder 3. Person.

Probier es aus. Beginne deine Affirmation mit »du« oder deinem Namen. Sprich sie laut aus und vergleiche sie emotional mit deiner Ich-Formulierung. Welche fühlt sich besser an?

Oder versuch es doch mal mit dem etwas altertümlichen »Wir«. Wenn man berücksichtigt, dass wir alle verschiedene Persönlichkeitsanteile in uns vereinigen, macht dies sogar Sinn. Und gibt es das »Ich« überhaupt, wenn wir alle miteinander verbunden sind und jeder von uns alles ist? Vielleicht gibt es nur dieses »Wir«?

Positiv formuliert

Keine Negationen!
Nicht: Ich bin frei von Angst.
Sondern: Ich fühle mich sicher und frei.
Nicht: Ich habe keine Schulden mehr.
Sondern: Mein Konto hat ein Guthaben von ...

Gegenwartsform

Formuliere dein Ziel so, als ob du es schon erreicht hättest. Deine Botschaft lautet: »Ich hab es schon!« Hiermit holst du deinen Wunsch ins Hier und Jetzt. Ist dies der Fall, so erdest du dein Ziel und bist in genau der richtigen Schwingung, es anzuziehen. Das ist das Gesetz der Anziehung!

Hiermit sind wir jedoch vielleicht schon beim ersten Widerstand. Du sagst deine Affirmation, und plötzlich hörst du eine leise oder auch laute Stimme: »Das stimmt ja gar nicht! Ich hab's ja noch gar nicht!« Und was wirst du dann wohl ausstrahlen? Genau dieses – den Mangel!

Sollte dir das passieren, lass diese Stimme mit den Spielhelfern (Kap. 3) los, bis sie verstummt und du in das Gefühl kommst: »Es ist auf dem Weg!«, oder noch besser: »Ich habe es schon!« Und das ist die Wahrheit! Sobald ein Gedanke und noch mehr ein Gefühl ausgestrahlt wird, nimmt er bzw. es Gestalt an, wird zur Materie, zur Realität.

Eine andere Möglichkeit, mit solchen Widerständen umzugehen, stammt von Michael J. Losier, dem kanadischen Autor des Buches »*Law of Attraction*«. Er schlägt vor, bei Widerständen die Zielaussage bzw. Affirmation zu beginnen mit:

»Ich bin im Prozess ...« oder:

»Ich habe entschieden ...« oder:

»Ich habe beschlossen ...«

Wie heißt es so schön: »Für die Wahrheit gibt es keinen Ersatz!« Jede Affirmation, die der Wahrheit entspricht, wird wenige oder gar keine Widerstände auslösen und sich damit umso besser anfühlen. Finde also Formulierungen, die deine Zielaussage zur Wahrheit machen. Die nächste Tabelle wird dir auch dabei helfen!

Realistisch, d. h. in dein Glaubenssystem passend

Dein Ziel sollte so »groß« wie möglich sein, die Erreichung für dich jedoch nicht unmöglich sein. Alles, was schon mal jemand anders erreicht hat, mit ähnlichen Voraussetzungen, ist auch für dich möglich.

Attraktiv, d. h. anziehend

Eine Zielaussage sollte so anziehend wie möglich sein. In der folgenden Tabelle findest du Vorschläge, wie du eine Affirmation einleiten bzw. beenden kannst.

Einleitung	Zielaussage	Ergänzung
Ich bin so dankbar und glücklich ...		... so oder besser (mehr), zum perfekten Zeitpunkt und zum Wohle aller.
Ich liebe es ...		... und ich bin gesund und vital.
Es macht mir Freude ...		... und ich bin glücklich und dankbar.
Es macht mir Spaß ...		... und das ist mein Geburtsrecht.
Mit Leichtigkeit ...		... und ich bejahe dies von ganzem Herzen.
Es macht mich glücklich ...		So ist es!!!
Ich habe beschlossen ...		... und ich liebe diese Realität.
Ich habe entschieden ...		
Ich erlaube ...		
Ich bin im Prozess ...		
Ich bin geboren, um ...		
Fortan stelle ich mir vor ...		
Durch die Gnade Gottes ...		

Diese Einleitungen machen deine Zielaussage nicht nur attraktiver, sondern können, wie schon angemerkt, auch deren Wahrheitsgehalt steigern und damit eventuelle Widerstände vermindern.

Die ersten beiden Ergänzungen erfüllen einen ähnlichen Zweck. Sie lassen nicht nur Raum für bessere Resultate bzw. den perfekten Zeitpunkt (erste Ergänzung), sondern beseitigen schon im Voraus mögliche Befürchtungen wie:

Vielleicht erreiche ich mein Ziel ja nur, wenn mir oder jemand anderem etwas Negatives widerfährt.

Beispielsweise erreiche ich mein Zielgewicht nur, weil ich krank werde, oder komme zu meinem Haus oder Auto nur durch den Tod eines anderen (geliebten) Menschen. Die ersten drei Ergänzungen nehmen hierauf Bezug, die folgenden vier dienen der Bekräftigung.

Spezifisch, doch so kurz wie möglich

»In der Kürze liegt die Würze!« – Dies gilt auch für Affirmationen. Doch wie kann man dabei spezifisch sein? Ganz einfach, indem du die Details vorher festlegst, die deine Zielaussage beinhalten soll, und diese bekräftigst.

Ein Beispiel:
Nehmen wir einmal an, dein Ziel wäre ein Seminarhotel. Stell dir nun vor, du hättest eine weiße Leinwand und würdest ein Bild deines Ziels darauf malen.

Wie würde die Umgebung aussehen? Wäre es in den Bergen, an einem See oder am Meer usw.?

Wie weit entfernt wäre der nächste Ort, die nächste Stadt usw.?

Wie sind die Wetterbedingungen in dieser Region?

Welchen Grundriss, welche Farbe hat dein Seminarhotel?

Wohnst du auch dort und mit wem?

Ist es dein Eigentum, führst du es zusammen mit anderen oder allein?

Gibt es Zimmer für die Seminarteilnehmer?

Welche Räumlichkeiten bietet das Hotel?

Hast du Angestellte, die zuständig sind für die Zimmer, die Verpflegung, die Büroarbeit usw.?

Welche Autos stehen in deiner Garage?

Wie sieht dein Privatbereich aus? Usw.

Kommen wir zu den »auditiven« Details:

Welche Geräusche begleiten dich in deinem Hotel?

Ist es ein Meeresrauschen, Vogelgesang, wehenden Wind, Stille usw.?

Wie ist der Ton der Stimmen, die dich erreichen? Liebevoll, ruhig, angeregt, harmonisch usw.?

Und gefühlsmäßig:

Wie fühlt es sich an in deinem Hotel?

Wie schmeckt die Luft, wie riecht es?

Welche Emotionen erlebst du? Glück, Freude, Liebe, Spaß, Dankbarkeit usw.?

Notiere jetzt bitte alle Details, dein Ziel betreffend. Entscheide dabei, welche davon für dich *wirklich* wichtig sind und welche du lieber dem Universum überlässt. Gib deinem Ziel einen konkreten Rahmen, nicht mehr und nicht weniger. Solltest du damit Probleme haben, so zeige ich dir gleich eine Möglichkeit, die dir helfen kann.

Meine Zielaussage:

... ...

Die Details:

... ...

Bei der Festlegung dieser Details kann dir auch die Kontrastmethode helfen.

Hier ein paar Beispiele:
Affirmation:
Ich liebe es, in einer wunderschönen Wohnung zu leben, und ich bin dankbar und glücklich.

Ich will nicht (mehr) ...	Ich habe eine Wohnung ... (Details)
meine Wasserflaschen 4 Stockwerke hinauftragen	im Erdgeschoss; mit funktionierendem Fahrstuhl
laute Nachbarn	mit ruhigen, lieben Nachbarn
den Lärm der Autobahn hören	in ruhiger Lage
mich beengt fühlen	mit drei großen Zimmern
diesen weiten Weg zur Arbeit	in kurzer Entfernung zu meiner Arbeit
kleine Fenster	hell, mit großen Fenstern

Ein weiteres Beispiel:
Zielaussage: Mit Leichtigkeit und zum Wohle aller erhalte ich dauerhaft mehr Geld, als ich ausgeben kann, und ich bin glücklich und dankbar.

Ich will nicht (mehr) ...	Ich ...
Angst vor jeder Rechnung haben	zahle mit Leichtigkeit, Freude und Dankbarkeit meine Rechnungen
bei jeder Anschaffung überlegen müssen, ob ich mir das leisten kann	kann mir jederzeit das kaufen, was ich möchte

Panik bei dem Wort Finanzamt oder Einkommenssteuererklärung bekommen	leiste mit Freude meinen steuerlichen Beitrag und bin dankbar für all die Dinge, die daraus entstehen
noch Jahre auf ein neues Auto, eine neue Wohnung, ein neues Haus usw. warten müssen	habe reichlich Geld für ein neues Auto, eine neue Wohnung, ein neues Haus und noch mehr
überlegen müssen, wo ich günstig essen gehen kann	kann es mir leisten, jederzeit spontan im besten Restaurant essen zu gehen und so viele Leute dazu einzuladen, wie ich möchte

Wichtig bei der Auflistung deiner Zieldetails ist, dass du dich dabei wiederum auf die beschränkst, die dir wirklich wichtig sind und die unwichtigen dem Universum überlässt. Lass der Manifestation den »So-oder-besser«-Raum und habe Vertrauen.

Notiere jetzt die spezifischen, unverzichtbaren Details zu deinem Ziel:

....

Solltest du zukünftig mit deiner Zielaussage den Manifestationsprozess unterstützen wollen, so empfehle ich dir folgende »Bekräftigung«, die du pro Ziel nur einmal laut aussprichst:

»Universum, jedes Mal, wenn ich zum Zwecke der Manifestation laut ... (Zielaussage) sage oder auch nur denke, beinhaltet diese Aussage die folgenden, mir wirklich wichtigen Punkte:

... ... (Details)

Ich danke dir!«

Zum Wohle anderer

Das Universum liebt es, wenn wir Ziele verfolgen, von denen auch andere profitieren. Das können Menschen, Tiere, Pflanzen, aber auch Institutionen sein.

Wer außer dir profitiert davon, wenn du dein Ziel erreichst, und inwiefern? Nimm dir jetzt einige Minuten Zeit, notiere deine Antworten auf diese Frage und denke dabei im großen Maßstab. Wer *könnte* alles im günstigsten Fall einen Nutzen davon haben und wieso?

... ...

Sei dir abschließend bewusst, dass ab jetzt alle möglichen Nutznießer dein Ziel mit ihrer Schwingung unterstützen werden. Du hast sie sozusagen eingebunden in deinen Wunsch. Wie geht es dir mit dieser Vorstellung? Fühlt sich doch gut an, oder?

Jedes Mal, wenn du in Zukunft deine Wünsche mit der einen oder anderen Methode manifestierst, was du immer mit einem »Danke« beschließen solltest, dann binde alle deine möglichen Unterstützer in dieses »Dankeschön« mit ein.

Schreibe jetzt noch einmal dein Ziel und alle Details dazu auf die eine Seite eines kleinen Kärtchens und auf die andere groß das Wort »*Danke*«.

Ressourcen

Bevor ich diesen ersten wichtigen LOA-Schritt mit einer Checkliste abschließe, die stichwortartig auf alle Kriterien der Zielformulierung eingeht, möchte ich noch kurz auf das Thema Ressourcen (Kraftquellen) zu sprechen kommen.

Im Kapitel 4, »Spielvorbereitung«, habe ich dir bereits empfohlen, ein Ressourcenbild anzufertigen, welches alle deine Kraftquellen beinhaltet, die dich beim Erreichen deiner Ziele unterstützen können.

☺ 🖎

Nimm dir einige Minuten Zeit und werde dir deiner Ressourcen bewusst, die die Manifestation deines Wunsches unterstützen. Welche Fähigkeiten, Verhaltensweisen, Glaubenssätze, Personen, Dinge, Methoden usw. sind dies? Notiere diese, wenn du möchtest:

... ...

Wie schon in der Einführung zu diesem zweiten LOA-Schritt beschrieben, ist es nicht immer notwendig, jedes einzelne Zielkriterium zu beachten. Solange du dein Ziel in der 1. Person Einzahl, Gegenwartsform und positiv formulierst und Kopf, Herz und Bauch »Ja« dazu sagen, bist du auf dem richtigen Weg.

Mein Ziel mit dieser Ausführlichkeit ist es, dir die höchstmöglichen Erfolgsaussichten, insbesondere für deine »großen« Herzenswünsche, zu verschaffen. Gib meinen Vorschlägen eine Chance und lass dich überraschen, wie schnell und leicht sich damit deine Wünsche verwirklichen.

Checkliste für Powerziele

Mein Wunsch:

....

....

Kriterium	☑
Herzensziel?	
100%-Ziel?	
In Übereinstimmung mit meiner Mission/Bestimmung?	
In Übereinstimmung mit dem, was mir wichtig ist (Werte)?	
In Übereinstimmung mit Dingen, die mir Freude und Spaß machen?	
Kein Kompromiss?	
Endresultat?	
Positives intuitives Gefühl (Bauchgefühl)?	
Formale Kriterien:	
1. Person Einzahl, Ich-Form?	
Gegenwartsform?	
Positiv formuliert – *keine* Negationen?	
Realistisch, in mein Glaubenssystem passend?	
Attraktiv, anziehend?	
Kurz formuliert?	
Details?	
Zum Wohle anderer?	
Meiner Ressourcen bewusst?	

Mein Power-Ziel:

....

....

Schritt 3: Widerstände und Blockaden

> »Der Mensch bringt sogar die Wüsten zum Blühen.
> Die einzige Wüste, die ihm noch Widerstand bietet,
> befindet sich in seinem Kopf.«
> *Ephraim Kishon*

Nachdem du nun dein Ziel definiert hast, geht es im dritten Schritt um das Auflösen eventueller Widerstände oder gar Blockaden. Diese befinden sich meist im »Schlepptau« von Wünschen und kommen dann an die Oberfläche, wenn du eine Affirmation aussprichst bzw. ein Ziel visualisierst. Geh einfach einmal davon aus, dass diese Widerstände existieren, denn wenn es sie nicht gäbe, hätte sich dein Wunsch schon längst erfüllt.

Widerstände können auftreten in Form von negativen Gedanken, Bildern, Glaubenssätzen, Emotionen oder auch Körpergefühlen. Um deine Affirmation diesbezüglich zu testen, empfehle ich dir folgende Vorgehensweise:

Sprich deine Affirmation ein- oder zweimal laut aus, registriere alle aufkommenden Einsprüche emotionaler oder auch gedanklicher Natur und notiere diese:

… … …

Mit den Spielhelfern (Kap. 3) hast du jetzt die Möglichkeit, sie loszulassen. Dies kannst du jedoch auch durch eine elegantere Formulierung erreichen. Mit einer geeigneten Einleitung und/oder Ergänzung kannst du effektiv diesen Widerständen begegnen.

Ein Beispiel:
Sprich doch einmal folgende Sätze laut aus und registrie-

re deine emotionale Reaktion. Welcher fühlt sich am besten an bzw. hat die wenigsten Widerstände im »Schlepptau«?

»Ich erhalte mit Leichtigkeit und dauerhaft 10 000 € netto im Monat.«

»Ich entscheide, ich erhalte mit Leichtigkeit und dauerhaft 10 000 € netto im Monat.«

»Ich bin im Prozess, leicht und dauerhaft, 10 000 € netto im Monat zu erhalten.«

»Ich liebe es, leicht und dauerhaft 10 000 € netto oder mehr im Monat zu erhalten, zum Wohle aller.«

Je mehr deine Zielaussage deiner Wahrheit entspricht, desto besser fühlt sie sich an und desto »*attraktiver*« ist sie.

Sollten sich dennoch Widerstände zeigen, so kannst du diese jetzt immer noch mit den Spielhelfern (Kap. 3) auflösen. Ich empfehle dir, zuvor deine Zielaussage mithilfe einer Attraktivitätsskala (0–10) einzuordnen. Wie attraktiv (anziehend) fühlt sich deine Affirmation an? (0 bedeutet auch null Attraktivität, 10 höchste Attraktivität.) Mit der von dir gewählten Methode solltest du alle Gefühle loslassen, bis die 10 erreicht ist.

Ist dies der Fall, so kannst du beginnen, dein Ziel mit dieser Affirmation zu manifestieren bzw. anzuziehen, indem du sie beispielsweise ähnlich einem Mantra verwendest. (Im nächsten Schritt gehe ich ausführlich darauf ein.)

Die Anwendung von Affirmationen ist insbesondere dann für dich interessant, wenn du Probleme hast, innere Bilder zu erzeugen.

Im Allgemeinen ist es so, dass wir beim LOA-Spiel das Mittel der *Visualisation* einsetzen. Wir erschaffen mental ein Bild oder einen kleinen Film, das bzw. der unser Ziel repräsentiert. Nicht jeder ist ein Meister darin, innere Bilder zu »produzieren«. Es gibt jedoch kleine hilfreiche Techniken, die diese Fähigkeit verbessern können:

1. Gehe in einen entspannten Zustand.
2. Lege eine Hand (wie beim Stirn-Hinterkopf-Halten) an den Hinterkopf und sieh mit geschlossenen Augen möglichst nach oben.
3. Beginne mit einem einfachen Gegenstand (z. B. einem Apfel) und steigere langsam den Schwierigkeitsgrad.
4. Löse mit den Spielhelfern (Kap. 3) eventuelle Widerstände, was das Visualisieren betrifft, auf. (In meinem EFT-Buch findest du auch Möglichkeiten, wie du mit dem Klopfen diese Fähigkeit verbessern kannst.)
5. Beschreibe laut, was du sehen willst, die Bilder werden von ganz alleine kommen.
6. Kombiniere diese Möglichkeiten (meine Lieblingskombination ist die 1, 2 und 5).

Es gibt zwei Möglichkeiten, ein Ziel zu visualisieren, von außen (dissoziiert) oder von innen (assoziiert). Bei der ersten Variante siehst du dein Ziel und dich darin von außen, wie auf einem Bildschirm oder einer großen Leinwand. Bei der zweiten Möglichkeit steigst du sozusagen in dieses Bild oder diesen kleinen Film ein und erlebst dein Ziel mit allen Sinnen, wie in der Realität. Du bist der Akteur in deinem Ziel.

Gleichwohl können beide Varianten eventuell auch unterschiedliche Widerstände deinen Wunsch betreffend auslösen, die du auflösen solltest. Das Ziel dabei ist, dass du danach dein Zielbild (oder deinen Zielfilm) fünf (noch besser zehn) Minuten vor deinem inneren Auge »halten« kannst, ohne dass irgendwelche Einsprüche dagegen auftauchen. Fünf Minuten können dabei sehr lange sein. Die Erfahrung zeigt jedoch, dass du damit deine Erfolgschancen vervielfachst.

Zur Auflösung der Widerstände empfehle ich dir folgende Vorgehensweise:

Dissoziiert

1. Stelle dir eine innere Leinwand vor und kreiere darauf ein Bild oder einen kleinen Film, der oder das dein Ziel repräsentiert. Du kannst, wie im Kino, auch noch Geräusche, Töne oder Stimmen hinzufügen.
2. Bleibe mit der Aufmerksamkeit bei diesem Bild oder Film, registriere alle auftauchenden Widerstände und notiere diese.
3. Löse diese Einsprüche anschließend mit den Spielhelfern (Kap. 3) auf.
4. Wiederhole dieses Vorgehen, bis du dein Ziel mindestens fünf Minuten dissoziiert visualisieren kannst, ohne dass Widerstände auftauchen, und es sich wie eine 10 auf der Attraktivitätsskala anfühlt. Hierzu kannst du gerne noch wichtige Details (Menschen, Tiere, Pflanzen, Dinge) einbauen oder einige Modalitäten deines Bildes (Filmes) verändern. Mach es größer, farbiger, heller, dreidimensional und intensiviere auch den Sound.

Assoziiert

1. Steige anschließend in dein Zielbild oder den Zielfilm ein und erlebe deinen Wunsch mit allen Sinnen. Was siehst, hörst, fühlst, riechst und schmeckst du?
2. Bleibe mit deiner Aufmerksamkeit in diesem Erleben, registriere alle aufkommenden Widerstände und notiere diese.
3. Löse sie abschließend mit den Spielhelfern (Kap. 3) auf.
4. Wiederhole dieses Vorgehen, bis du dein Ziel mindestens fünf Minuten assoziiert erleben kannst, ohne dass Widerstände auftauchen, und es sich wie eine 10 auf der

Attraktivitätsskala anfühlt. Um diese 10 zu erreichen, kannst du gerne noch weitere dir wichtige Details einbauen oder einige Modalitäten ändern.

☺ ◉ CD-Titel 8: Widerstände

Eine ganz ähnliche Möglichkeit, mit diesen Einsprüchen umzugehen, findest du auf der beigefügten CD. Hierbei ist es von großem Vorteil, wenn dein CD-Spieler eine Fernbedienung mit Pausetaste besitzt. Wenn nicht, so kannst du die CD auch über deinen DVD-Player und Fernseher laufen lassen. DVD-Player haben immer eine Pausetaste.

Ein Tipp:
Solltest du die Sedona-Methode verwenden, so unterstütze diese mit dem Stirn-Hinterkopf-Halten und sage laut dein Power-Wort, wenn die Einladung zum Loslassen (»Wann?«) kommt.

Mithilfe dieser Übungen wirst du die meisten oder gar alle Widerstände dein Ziel betreffend auflösen können. Falls du jedoch noch weitere Hilfe benötigst, so findest du diese im Kapitel 6, »Spielverderber«.

Schritt 4: Manifestation

Es gibt viele Möglichkeiten, das Erwünschte zu manifestieren. Am bekanntesten ist hierbei wohl die Anwendung von Affirmationen oder speziellen Visualisierungstechniken. Jeder hat dabei seine Vorlieben, und jeder sollte die Methode wählen, die ihm am meisten Spaß bereitet.

Stell dir vor, du verwendest eine Manifestationstechnik wie das Visualisieren, und du bist dabei *frustriert*, weil du keine oder keine klaren inneren Bilder deines Zielzustandes erzeugen kannst. Was wirst du dann wohl anziehen?

Das Gesetz der Anziehung »antwortet« auf deine Schwingung, die du mit deinen Gedanken, aber noch mehr deinen Gefühlen aussendest. Mit einer Methode, die dir Spaß bereitet, unterstützt du folgerichtig den Prozess.

Auf den nächsten Seiten werde ich dir einige der meiner Meinung nach effektivsten Techniken zur Manifestation vorstellen. Spiele damit und entscheide dich dann für diejenige oder diejenigen, die dir am meisten Freude bereiten.

Manifestationsmethoden

Stell dir vor, eine der in diesem Spielabschnitt vorgestellten Methoden oder eine selbst kreierte Kombination dieser Techniken ist genau die richtige für dich. Stell dir vor, du erreichst damit schnell und effektiv all deine Ziele. Und stell dir vor, du erkennst diese Methode oder Kombination sofort. Wie fühlst du dich jetzt bei diesem Gedanken?

Gehe für ein bis zwei Minuten in diese Vorstellung, diese positive Emotion und beschließe diese mit dem Gefühl der Dankbarkeit.

Die Absicht ist entscheidend

Der springende Punkt beim Einsatz von Manifestationstechniken ist die zugrunde liegende Absicht. Wenn du zum ersten Mal eine der folgenden Methoden auf ein Ziel anwendest, so sollte die Absicht dabei sein, diese Zielenergie in dein Universum auszustrahlen, ähnlich einem Fernseh- oder Radiosender.

Mit den folgenden Wiederholungen unterstützt du den Prozess und gehst, um bei der Metapher zu bleiben, auf Empfang. Dies sollte hierbei die Absicht sein und *nicht*, dass du dies tust, weil sich dein Wunsch noch nicht erfüllt hat. Damit würdest du Mangel ausstrahlen, und das Ergebnis wäre? Wiederum Mangel!

Die Botschaft hinter jeder Zielenergie darf *niemals* »Mangel« sein. Du bist der Schöpfer, und alles, was du dir wünschst, ist bereits vorhanden im Hier und Jetzt und/oder im Prozess der Materialisation. Dies ist die Botschaft!

Stell dir einmal vor, deine Schöpferenergie wäre reines Licht. Wie würde dieses aussehen, welche Farbe hätte es? Weiß, Silber, Gold oder ...?

Wenn du die nun folgenden Manifestationsmethoden ausführst, sollte der erste Schritt immer sein, dass du dich mit deiner Schöpferenergie verbindest und deine Zielvorstellungen mit diesem Licht auflädst. Du wirst überrascht sein, wie sehr dies den Prozess unterstützt.

Affirmationen

Affirmationen sind die einfachste Art und Weise, das, was du dir wünschst, in dein Leben zu ziehen. Du kannst sie leise oder noch besser laut aussprechen, und durch die mehrmalige tägliche Wiederholung wird sich schließlich dein Wunsch erfüllen. Affirmationen *ohne* positive Emotionen im Hinblick auf dein Ziel sind jedoch sehr schwach, und Affirmationen mit schlechten Gefühlen im »Schlepptau« sogar kontraproduktiv (siehe Kapitel 3, »Spielhelfer«).

Deine Affirmation (Zielaussage), die du im vorherigen Schritt formuliert hast, sollte also positive Gefühle im Hinblick auf dein Ziel bei dir auslösen. Es macht dir Freude, sie auszusprechen. Ist dies der Fall (und nach der intensiven Vorbereitung sollte dies so sein), so kannst du sie nun immer wieder, wenn du Lust dazu hast, leise oder laut aussprechen. Dies solltest du einige Male pro Tag, insbesondere vor dem Einschlafen und nach dem Aufwachen und zu deinen »Warte-Zeiten«, tun.

Sprich deine Affirmationen mit der Stimme und der Physiologie eines Schöpfers aus, bzw. gehe in diese Energie. Verstärken kannst du die Schwingung deiner Zielaussagen, indem du während des Aussprechens die EFT-Punkte oder einfach nur den Handkantenpunkt (siehe Bild) klopfst.

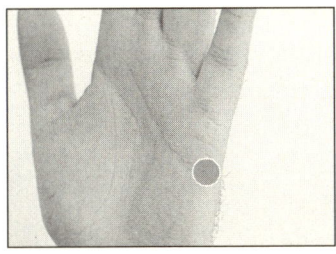 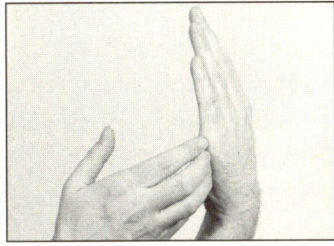

Beschließe die »Anwendung« immer mit dem Gefühl der Dankbarkeit.

Es gibt keine Vorschriften, wie viele Tage, Wiederholungen oder wie oft am Tag man Affirmationen aussprechen soll. Als Mindestzeitraum würde ich dir jedoch 21 Tage vorschlagen (es sei denn, dein Wunsch hat sich schon vorher erfüllt). Damit hast du nicht nur eine neurologische Straße oder gar Autobahn geschaffen, auch jede deiner Zellen hat nun diese Information aufgenommen.

Mantren

Eine weitere Möglichkeit, mit Affirmationen zu »arbeiten«, besteht darin, sie wie ein Mantra anzuwenden. Ein Mantra ist ein Wort oder eine Wortfolge, das bzw. die bei der Meditation immer wieder sprechend, flüsternd oder singend wiederholt wird. Das berühmteste Mantra im Hinduismus ist wohl das »OM«, gesprochen meist »A-UM«, welches alle anderen in sich erhält.

Deine Zielaussage kannst du natürlich auch wie ein Mantra verwenden.

Wie? Ganz einfach:

- Nimm eine bequeme Sitzposition ein. Diese Position sollte anders sein, als du normalerweise sitzt, und du solltest sie zwecks Verankerung nur für diese Art der Meditation einnehmen.
- Öffne deine Arme und Hände.
- Sage nun dreimal laut »AAAAAAAAAUUUUMMM-MMMMM« oder dreimal »AAAAAAAAAAAAAAAH-HHH«. Mit dem Laut »Ah« stellst du die Verbindung zu deinem Universum her! Es ist der Klang der Schöpfung, der Manifestation. Alles in deinem Universum hast du erschaffen, alles bist du, und du bist mit allem verbunden. Mit Gesundheit, Reichtum, wundervollen Beziehungen, Glück, Freude, Liebe u. v. m.
- Werde dir nun klar über dein Ziel und die diesbezüglichen Details. Wiederhole anschließend laut, flüsternd

oder singend dein Mantra, also deine Zielaussage, immer und immer wieder mit der Gewissheit und dem Gefühl, jetzt zu erschaffen. Tue dies für ca. 10–15 Minuten.

- Beschließe den Vorgang mit einem lauten »AAAAAA-AAAAAAAAHHHH«, dem Gefühl der Dankbarkeit und kehre dann wieder ins Hier und Jetzt zurück.
- Wiederhole diese Übung ein- oder zweimal pro Tag für die nächsten 41 Tage.

Die beste Zeit, dies zu tun, ist kurz vor dem Einschlafen und dann noch einmal morgens nach dem Erwachen. Solltest du nur einmal pro Tag die Zeit haben, dann wähle die Zeit vor dem Einschlafen.

Du kannst dir die Übung erleichtern, indem du dir eine *Mala* kaufst. Eine Mala ist eine Art buddhistischer Rosenkranz, eine Schnur, auf der Perlen (meist aus Holz) aufgereiht sind. Es gibt Malas mit 27, 54 oder auch 108 Perlen. (Ich besitze eine mit 108 »Glückskernen«. Danke, Rainer!) Rainer, mein Berater in solchen Dingen, gab mir auch den Hinweis, die Perlen über den Ringfinger gleiten zu lassen und *nicht* über den Zeige- oder Mittelfinger!

Dein Mantra (Zielaussage) solltest du genau 108-mal (4 x 27, 2 x 54) *ohne* Pausen zwischen den Sätzen wiederholen. Das pausenlose Wiederholen lässt keine Widerstände aufkommen bzw. »erstickt sie schon im Keim«.

Ich bevorzuge ein formelhaftes Aussprechen meines Mantras, also eher mit monotoner Stimme. Einen Rosenkranz betet man ähnlich.

Normalerweise ist es so, dass eine neue Verhaltensweise, ein Ziel oder auch ein neuer Glaubenssatz mindestens für drei Wochen trainiert, fokussiert bzw. installiert werden sollte. Dies ist meistens ausreichend bei kleineren oder mittleren Veränderungen. Ich nehme jedoch an, dass deine Ziele mehr in die Kategorie »große Veränderungen« gehören. Deshalb schlage ich dir vor, dein Mantra insgesamt 42 Tage lang, ein- bis zweimal täglich jeweils 108-mal zu wiederholen.

Es gibt Zahlen, die von unserem Unbewussten besser angenommen werden als andere. Dies sind beispielsweise die 3 (Dreifaltigkeit), 7 (Wochentage), 9 (Monate Schwangerschaft), 12 (Monate des Jahres) und natürlich auch Additionen und Multiplikationen dieser Zahlen. 108 (9 x 12) gehört in diese Kategorie.

Abschließend zwei kleine Tipps zum Thema Mantra: Es ist sehr effektiv, das Mantra täglich zu schreiben, beispielsweise in dein LOA-Tagebuch. 1 x, 3 x, 7 x, 12 x usw., alles ist o. k., solange du es wenigstens einmal täglich aufschreibst. Durch das Aufschreiben aktivierst du zusätzlich den visuellen und kinästhetischen (Bewegungs-)Bereich deines Gehirns.

Mantra-Walking

Rezitiere dein Mantra auch während des Gehens, Walkens oder Laufens. Die Überkreuzbewegungen (linker Arm – rechtes Bein/rechter Arm – linkes Bein), die du dabei machst, führen zu einer Verschaltung von linker und rechter Gehirnhälfte, welche die »Annahme« von Affirmationen begünstigt.

Schläfenklopfen

Das Schläfenklopfen ist ein weiteres Verfahren, um die Wirkung positiver Aussagen, und damit auch von Affirmationen, zu verstärken. Ohne näher auf die Hintergründe dieser Technik einzugehen (diese findest du in meinem

EFT-Buch), möchte ich dir diese einfache Methode jetzt vorstellen.

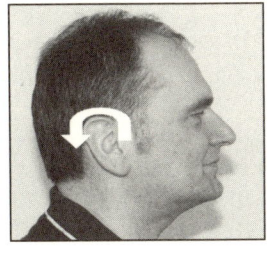

- Wähle ein »Herzens-Ziel«.
- Formuliere diesbezüglich eine positive Affirmation.
- Klopfe 3- bis 5-mal mit den Fingerspitzen um die Spitze deiner Ohren (siehe Bild), während du jeweils die Affirmation einmal laut aussprichst.
- Wiederhole dies mehrmals täglich für mindestens drei Wochen bzw. bis das erwünschte Ziel erreicht ist.

Das Schläfenklopfen wirkt mindestens 30 Minuten. Deshalb sollte die Zeit zwischen zwei Anwendungen auch mindestens 30 Minuten betragen!

Setze, wenn du diesen Halbkreis um die Ohren herum klopfst, möglichst alle Fingerspitzen ein, d. h., bringe sie vorher zusammen.

Vor einiger Zeit erhielt ich, was das Schläfenklopfen angeht, einen guten Tipp: Dieses soll noch effektiver sein, wenn man das rechte Ohr mit der rechten Handfläche fest zuhält und nur um das linke herum klopft, während man laut seine Affirmation ausspricht. Dies erzeugt einen Halleffekt, eine interessante Schwingung. Probier es aus!

Bevor wir zum Thema »Visualisierungstechniken« kommen, noch zwei Anregungen zum Thema Affirmationen und deren Formulierung.

Mein Freund Rainer berichtete mir von einer Variante, die er von einem großen indischen Lehrer (Sai Baba) gelernt hat und die auch mich begeistert. Dieser Meister sagt, dass wir uns bei unseren Wünschen ausschließlich auf diese konzentrieren sollten, und dies auch bei deren Formulierung. Vergessen wir also das »Ich« und das »bin«, auch jedes andere Verb, jede Einleitung oder Ergänzung. Streichen wir diese.

Beispiele:

Nehmen wir folgende Affirmation (Einleitung und Ergänzung sind schon gestrichen):

»Ich bin von vollkommener Gesundheit!«

Wenn wir das »Ich« und »bin« streichen, kommen wir zu folgender Affirmation:

»Vollkommene Gesundheit!«

Oder:

»Ich erhalte leicht und dauerhaft 10 000 € netto im Monat.«

Daraus wird:

»Leicht und dauerhaft 10 000 € netto im Monat.«

Oder noch kürzer:

»10 000 € netto im Monat!«

Ich glaube, du weißt, worauf ich hinauswill. Auch bei dieser Art von Affirmationen gibt es wenige oder keine Widerstände, und trotzdem fühlen sie sich gut an.

Probier es aus. Ich schlage dir vor, dass du, wenn du die Zielaussagen wiederholst, erst ein- oder zweimal die »lange« Version aussprichst und für den Rest der Anwendung die »kurze«. Das ist dann ähnlich einem Echo, das nur einen Teil deiner Worte widerhallen lässt und sich dabei auf das Wesentliche beschränkt.

Die zweite Anregung besteht darin, dass du deine Zielaussage als Frage formulierst, die dich in den erwünschten emotionalen Zustand (Schwingung) bringt. Nehmen wir mal die Beispiele von zuvor:

»Ich bin von vollkommener Gesundheit.«

Daraus wird:

»Was wäre, wenn ich vollkommen gesund wäre?«
Und:
»Ich erhalte leicht und dauerhaft 10 000 € netto im Monat.«
Daraus wird:
»Wie wäre es, wenn ich leicht und dauerhaft 10 000 € netto im Monat verdienen würde?«
Natürlich solltest du nach einer derartigen Frage deinem Bewusstsein Zeit für eine Antwort geben. Es reicht auch, wenn du dir diese Frage nur drei- bis fünfmal pro »Anwendung« stellst. Ab dem zweiten Einsatz deiner Affirmation ist dies eine interessante Alternative.

Visualisierungstechniken

Selbst wenn du dich entscheidest, in Zukunft nur noch diese Varianten anzuwenden, empfehle ich dir, immer zuvor den im vorherigen Schritt beschriebenen Zielfindungs- und Formulierungsprozess durchzuführen. Dieser verschafft dir Klarheit über dein Ziel und dessen Details. Mithilfe einer gut formulierten Affirmation kannst du zusätzlich auch noch die Energie deines Zielbildes (Zielfilmes) verstärken.

Auf das Thema »Visualisieren« bin ich bereits vorbereitend in Schritt 3 »Widerstände und Blockaden« eingegangen. Wie schon beschrieben, gibt es zwei Arten innerer Bilder oder Filme: die dissoziierte und die assoziierte Variante. Für das LOA ist die zweite Variante von Vorteil, und dies möchte ich dir mit einem kleinen Beispiel illustrieren. Mach einfach mit!

Thema: Dein Traumauto

Dissoziierte Variante:

Du siehst, als wäre es auf einer Kinoleinwand, wie du in das Auto deiner Träume (sagen wir mal ein Cabriolet) einsteigst, hörst, wie der Motor startet, siehst, wie du an einem schönen sonnigen Tag auf einer wunderschönen Küstenstraße entlangfährst, und hörst den Klang deiner Lieblingsmusik und den des Motors.

Assoziierte Variante:

Du öffnest die Wagentür deines Traumautos und nimmst auf dem weichen Ledersitz Platz. Du fühlst, wie dein Körper in den Sitz hineinsinkt. Du steckst den Schlüssel ins Zündschloss, hörst, wie der Motor anspringt, und fühlst die leichten Vibrationen, die er erzeugt.

Du siehst deine Hände und wie sie sich um das Sportlenkrad schmiegen. Du legst den ersten Gang ein und fährst nun auf die Küstenstraße. Du spürst die leichten Unebenheiten der Straße, riechst und schmeckst die frische, salzige Meeresluft, fühlst den kühlenden Wind in deinem Gesicht und deinen Haaren und hörst deine Lieblingsmusik aus den Lautsprechern.

Du blickst auf die breite Küstenstraße, das Meer auf einer Seite. Du schaltest höher, gibst Gas, spürst die Kraft des Motors, und all die wunderbaren Empfindungen verstärken sich.

Welche dieser beiden Varianten ist wohl anziehender für dein Ziel, welche hat dir mehr Spaß gemacht?

Ein dissoziiertes Bild oder auch ein kleiner Film ist wichtig, um dir erst einmal einen Überblick zu verschaffen und wichtige Details einzubauen. Das Bild bzw. der Film sollte auch »von außen« so attraktiv wie nur möglich sein.

Dies ist deine Aufgabe als Regisseur. Ist dies vollbracht, so wechselst du die Rolle und wirst zum Hauptdarsteller. Du steigst in das Bild oder den kleinen Film ein und erlebst die Szene, die dein Ziel darstellt, mit allen Sinnen. Hier wirst du zum Magneten für das, was du dir wünschst. Beschließe dieses Erleben mit dem Gefühl der Dankbarkeit.

 CD-Titel 9: Visualisieren

Die Vorgehensweise:

1. Mache es dir so bequem wie möglich und schließe deine Augen.
2. Lass alles los, was dich vielleicht gerade noch beschäftigt.
3. Verbinde dich mit deiner Schöpferenergie.
4. Kreiere vor deinem inneren Auge ein Bild oder einen kleinen Film, das bzw. der dein Ziel beschreibt. Mache es so attraktiv wie nur möglich.
5. Steige nun ein in dieses Bild und erlebe dein Ziel mit allen Sinnen, so als ob du es schon erreicht bzw. manifestiert hättest. Was siehst du, was hörst, was fühlst, riechst und schmeckst du jetzt, und welche wunderbaren Emotionen löst dies bei dir aus?
6. Genieße die Erfüllung deines Wunsches, solange du möchtest, und beschließe dieses Erleben mit dem Gefühl der Dankbarkeit.
7. Kehre nun in deine (neue) Wirklichkeit zurück.

Verstärker

Mit den Spielhelfern aus Kapitel 3 kennst du bereits einige Methoden, positive Gefühlszustände zu verstärken. Um eine höchstmögliche attraktive Schwingung zu erzeugen, kannst du diese auch während dieser Vorgehensweise einsetzen.

Im Hinblick auf deine Erfolgsaussichten möchte ich dir jedoch noch einige andere Anregungen geben:

- Atme tief und ruhig.
- Habe Spaß *in* deinem Ziel. Wenn du dieses visualisierst, sollte die Hauptperson in deinem Bild oder Film, also du, Freude ausstrahlen bei einer Tätigkeit, die ihr Spaß macht. Stell dir einmal vor, dein Ziel wäre ein neues wunderschönes Haus. Kontraproduktiv wäre es, wenn du dich in diesem Haus z. B. bei der Hausarbeit visualisieren würdest (außer dies macht dir wahnsinnig Spaß). Attraktiver wäre es, wenn du dich bei der Entspannung im Whirlpool, beim Billardspielen im Spielzimmer oder beim Sex im neuen Schlafzimmer vorstellen würdest bzw. dies mit allen Sinnen erlebst.
- Ein hervorragender Punkt, auf den du dich bei der Kreation deines Ziels konzentrieren kannst, ist das sogenannte dritte Auge. Dieses befindet sich über deiner Nasenwurzel zwischen den Augenbrauen.
- Wenn du im Erleben deines bereits erreichten Zieles bist, strahle dein Schöpferlicht in dieses aus.
- Sage mehrere Male laut »Aaaaaaaaaaahh«, während du dein Ziel mit allen Sinnen erlebst, und sende diesen Klang in deine Schöpfung.

- Klopfe mehrere Male den Punkt des dritten Auges, wenn du dich im Höhepunkt deines Zielerlebens befindest und bevor du ins Gefühl der Dankbarkeit wechselst. Das Klopfen dieses Punktes sendet das positive Gefühl an dein ganzes System und speichert es zusätzlich.
- Sprich, während des Klopfens, an diesem Höhepunkt dreimal laut deine Zielaussage (Affirmation) aus.

Die letzte Anregung solltest du nicht nur beherzigen, wenn es um das intensive Erleben deines Zieles geht. Jedes Mal, wenn du dich in einem wunderbaren Zustand befindest, solltest du dies tun, wenn es dir möglich ist. Klopfe diesen »Punkt der Freude« und sprich eine kurze Ich-Aussage dreimal aus, die deinen Zustand beschreibt, wie beispielsweise: »Ich bin glücklich!«, »Ich fühle mich super!«, »Ich fühle mich frei!« Damit erhöhst du Schritt für Schritt deine Grundschwingung.

Die neue bzw. fortgeschrittene Ah-Meditation

Diese Technik stammt von Dattatreya Siva Baba[1] (Sri Siva), aus seinem Buch *The One Minute Guide to Prosperity and Enlightenment* und seinem Video *Advanced Practice of the Ahh Meditation* auf YouTube[2].

Dattatreya Siva Baba, ein indischer Guru, ist der erste Tamil-Siddha, der die westliche Welt bereist, um alte und geheime Techniken und Meditationen zu lehren. Unter anderem inspirierte er den bekannten Autor Wayne Dyer zu seinem Bestseller-Buch *Manifest Your Destiny*. Ich danke

---

1 *www.sivababa.org*
2 *www.youtube.com/watch?v=j7SaisE81Tl*. Weitere Videos mit Sri Siva findest du unter: *www.youtube.com/profile_videos?user=DattatreyaSivaBaba*

Dattatreya Siva Baba herzlich für die Erlaubnis, Teile seiner Lehren in diesem Buch veröffentlichen zu dürfen.

«Ah« ist der Klang der Schöpfung und der Manifestation.

Bei der elementaren Ah-Meditation bringt man den Gedanken bzw. das Bild dessen, was man möchte, ins dritte Auge und sendet den Klang »Ah« in diese Vorstellung. Die fortgeschrittene Version beinhaltet noch einige Verbesserungen und ist insbesondere für diejenigen interessant, die mit der Chakren-Lehre vertraut sind.

Schließe deine Augen und richte deine Aufmerksamkeit auf das untere Ende deiner Wirbelsäule. Dies ist das *Wurzel-Chakra*.

Sage ein- oder zweimal laut: »AAAAAAHHH.« (Halte diesen Ton jedes Mal einige Sekunden.)

Gehe weiter zum nächsten Chakra. Dies ist das *Sakral-Chakra*, und es befindet sich oberhalb der Schamhaar-Grenze, einige Zentimeter unterhalb des Nabels.

Sage einmal laut: »AAAAAAHHH.«

Das nächste Chakra ist das *Solarplexus-Chakra*. Dieses befindet sich 3 cm oberhalb des Nabels.

Sage einmal laut: »AAAAAAHHH.«

Jetzt folgt das *Herz-Chakra*, es befindet sich in der Brustmitte.

Sage einmal laut: »AAAAAAHHH.«

Wir kommen zum *Hals-Chakra*, das sich in der Halsmitte (Kehlkopf) befindet.

Sage einmal laut: »AAAAAAHHH.«

Als Letztes kommen wir zum *Stirn-Chakra* (drittes Auge), welches sich zwischen den Augenbrauen, oberhalb der Nase befindet.

Sage ein- oder zweimal laut den Ton: »AAAAAAHHH.«

Visualisiere nun, was immer du manifestieren möchtest, in diesem Punkt. Sieh es so klar wie möglich, und dann sende den Ton »AAAAAAHHH« in dieses Bild.

Sage jetzt folgende Affirmationen:

»Ich liebe diese Realität!«

»Ich muss es unbedingt haben!«

»Es nicht zu haben ist keine Option!«

»Ich akzeptiere kein Nein!«

Sage einmal laut: »AAAAAAHHH.«

Steige ein in dein Ziel (Bild).

Fühl es, sieh es, höre es, riech es, schmecke es.

Erlebe es mit allen Sinnen und erfreue dich an der Manifestation.

Sage einmal laut: »AAAAAAHHH.«

Und jetzt lass es los und kehre in die Wirklichkeit zurück.

Zwei Anmerkungen noch von mir zu dieser wundervollen Technik:

Anstatt »Es nicht zu haben ist keine Option!« könntest du auch sagen: »Es zu haben ist die einzige Option!«

Und anstatt »Ich akzeptiere kein Nein!« könntest du sagen: »Ich akzeptiere nur ein Ja!«

Beende auch diese Meditation mit dem Gefühl von Dankbarkeit, bevor du loslässt.

Hinweis:

Dattatreya Siva Baba wünscht, dass jeder, der diese Technik nutzt, sie mit anderen teilt, nachdem er sie erfolgreich angewendet hat. Diese Methoden stammen aus der Tamil-Siddha-Tradition, und jeder, der gelernt hat, diese Techniken zu verwenden, um ein gutes Leben für sich selbst zu erschaffen, hat die Verpflichtung, sie mit anderen zu teilen.

Erwähnen möchte ich auch noch Siva Babas Wohltätig-
keits-Homepage »Heaven on Planet Earth«[1]. Jede Spende
ist willkommen.

Vision-Board

> »Ein Bild sagt mehr als tausend Worte!«

Vielleicht hast du ja den Film *The Secret – Das Geheimnis*
(siehe »Quellen« im Anhang) gesehen und erinnerst dich
an die folgende Szene:

Einer der im Film gezeigten Lehrer befindet sich in einem
Raum seines Hauses, in dem sich einige Umzugskartons
befinden. Sein Sohn öffnet einen dieser Kartons und findet
eine Collage mit »Zielbildern« darin, die sein Vater vor
einigen Jahren angefertigt hat. Eines dieser Bilder zeigt ein
wundervolles Haus in wunderschöner Umgebung. Als der
Vater genau dieses Bild sieht, kommen ihm die Tränen. Er
erkennt, dass dieses Anwesen genau das ist, in welchem sie
jetzt leben, das er vor kurzer Zeit gekauft hat.

Hast auch du den Wunsch nach einem neuen Haus,
Auto, Boot, viel Geld, einem gesünderen, schlankeren Körper, einer harmonischen und/oder neuen Partnerschaft
usw.? Notiere hierzu deine sehnlichsten Wünsche aus allen
Bereichen:

... ...

Wir alle bekommen und haben die unterschiedlichsten
Zeitschriften. In diesen findest du wahrscheinlich Bilder,
die deine Wünsche repräsentieren. Auch das Internet kann

---

1 *www.tripurafoundation.org*

dir dabei helfen, z. B. Google-Bilder. Hier hast du den Vorteil, dass du die Bilder in einem passenden Format ausdrucken kannst.

Du hast vielleicht auch noch ein oder mehrere große (DIN A3 oder größer) Bilder, die du irgendwo »eingelagert« hast. Nimm eines dieser Bilder, welches eine gute Energie ausstrahlt, und verwende die Rückseite für deine »Ziel-Collage«. Natürlich kannst du hierfür auch ein etwas stärkeres, weißes DIN-A3-Blatt (oder größer) verwenden.

Schneide nun deine gewählten »Wunschbilder« aus und klebe sie auf die Unterlage. Beginne mit deinem »allersehnlichsten« Wunsch. Dieser erhält den Platz in der Mitte. Finde einen schönen, geeigneten Rahmen und platziere deine Collage an einem Platz, wohin dein Blick im Laufe des Tages sehr oft fällt und wo »es« sich gut anfühlt.

Lade abschließend noch dein »Werk« mit deinem Schöpferlicht auf.

Wenn du zukünftig bewusst auf diese Collage schaust, dann tue dies mit aufrichtiger Dankbarkeit für die Dinge, die du damit erschaffen hast.

Vision-Statement

Ein Vision-Statement ist eine kleine Fotoshow mit eingefügten Affirmationen und unterlegter Musik. Jeder, der über Computerkenntnisse verfügt, kann sie herstellen. Unter *www.klang-meines-herzens.de* findest du diesbezüglich nicht nur eine tolle Anleitung, sondern auch ein Beispiel[1], wie so etwas aussehen kann.

---

1 Weitere Beispiele unter dem Suchbegriff »Vision Statement« bei *YouTube*.

Mein perfekter Tag

Nimm dir 20 bis 30 Minuten Zeit und schreibe auf, wie du dir einen »perfekten« Tag vorstellst.

Nimm hierzu die Position deines zukünftigen freien, erfolgreichen, glücklichen und vollkommen gesunden Ichs ein.

Beziehe so viele Sinneseindrücke wie möglich ein: Was siehst, hörst, fühlst, riechst und schmeckst du? Welche Emotionen löst es aus?

Beziehe alle Ziele ein, die du im Hinblick auf Beziehungen, Gesundheit, Reichtum, Lernen und Spiritualität hast.

Beginne mit dem Aufwachen und ende mit dem Einschlafen und dem Gefühl der Dankbarkeit für deinen »perfekten« Tag.

Habe Spaß dabei und die Gewissheit, dass du hiermit deine Realität erschaffst!

Wenn du zufrieden und begeistert bist von deinem »perfekten« Tag, nimm diesen auf Kassette, CD oder mit einem anderen Sprachaufzeichnungsgerät (z. B. MP3-Player) auf.

Jedes Mal vor dem Einschlafen und/oder wenn du aufwachst, erlebe mithilfe deiner Stimme deinen »perfekten« Tag.

Wie du bemerkt hast, ist es mit den drei letzten Techniken möglich, mehre Ziele aus den verschiedensten Bereichen einzubeziehen. Dies ist der große Vorteil dieser Methoden. Sie haben jedoch auch einen Nachteil: Die Aufmerksamkeit wird verteilt, und dies kann die Manifestation verlangsamen. Das Vision-Board, das Vision-Statement und den »Perfekten Tag« solltest du als Unterstützung und »Sahnehäubchen« betrachten. Deine überwiegende Aufmerksamkeit gebührt deinem Herzensziel.

Die Power-Pause[1]

Diese Methode stammt von John Harricharan, dem preis-gekrönten Autor des Bestsellers *When You Can Walk on Water, Take the Boat.*

Herzlichen Dank, John, für die Erlaubnis, diese Technik hier vorstellen zu dürfen.

John Harricharan geht davon aus, dass es nur drei The-men auf der Welt gibt: Gesundheit, Geld und Beziehun-gen. Jedes Problem, das man hat, fällt unter eine oder eine Kombination dieser Kategorien. Die Power-Pause ist eine eigenständige Methode, die die wesentlichen Schritte des LOA-Spiels beinhaltet. Es geht dabei jedoch weder um Affirmationen noch um Visualisationen. Entscheidend ist auch hier das Gefühl.

Die große Stärke liegt in der Zeitvorgabe von nur drei Minuten. Länger sollte die Übung nicht dauern. Jeder kann sich vorstellen, seine Sorgen für drei Minuten loszulassen und sich währenddessen auf positive Gedanken und Ge-fühle zu konzentrieren. Drei Schritte und drei Minuten sind das ganze Geheimnis.

1. *Unterbrich den Fokus*
   Gönne deinem Alltag und eventuellen Problemen eine Pause von lediglich drei Minuten und entscheide dich, diese für positive Gedanken und Gefühle zu nutzen.
2. *Fühle, wie du dich fühlen würdest, wenn das, was du wirklich willst, bereits eingetreten wäre.*
   Wie würdest du dich *fühlen*, wenn beispielsweise all deine Geldprobleme jetzt verschwunden wären und du jetzt

---

und für immer mehr als genug auf der Bank hättest? Erschaffe dieses Gefühl mithilfe deiner Gedanken. Dein Unbewusstes reagiert auf Gefühle, insbesonders tiefe Gefühle und Wiederholungen, »scannt« bezüglich dieser Dinge dein gesamtes Universum und zieht sie in dein Leben. Sollten während dieses Fühlens negative Gedanken auftauchen, so erkenne sie an und lass sie los, wenigstens für die nächsten Minuten.

3. *Sei dankbar*
Nimm eine Haltung von Dankbarkeit ein. Bedanke dich bei Gott, dem Universum, deinem höheren Selbst, bei wem oder was auch immer. Sag einfach: »Ich danke dir!«, und lass los mit einem Lächeln bis zur nächsten Power-Pause.

Wiederhole dieses Vorgehen täglich, wenn möglich mehrmals, wenigstens für die nächsten drei Wochen, außer wenn du dein Ziel schon vorher erreicht hast. Du kannst die Power-Pause für spezifische Ziele, ganze Bereiche, aber auch noch allgemeiner anwenden. Nehmen wir einmal an du hättest 20, 30 oder noch mehr Probleme.

1. Unterbrich den Fokus.
2. Frag dich: »Wie würde ich mich fühlen, wenn all diese Probleme jetzt verschwunden wären?« Gehe in dieses Gefühl und genieße es.
3. Sei dankbar.

Bevor ich zum nächsten Schritt komme, noch einige Anregungen für die Anwendung der Manifestationstechniken.

· Die letzten Minuten vor dem Einschlafen und die ersten Minuten nach dem Aufwachen sind ideal für die Manifestation bzw. für das LOA-Spiel. In diesen Minuten befinden wir uns im Alpha-Zustand, der von Ruhe und Harmonie geprägt ist. Dies begünstigt unsere Fantasie und Kreativität; innere (Ziel-)Bilder zu erzeugen fällt uns in dieser Phase leicht.

Widerstände und Einsprüche gegen unsere Ziele sind hier auch sehr selten, da unser Ego schon weitestgehend ein- bzw. noch nicht vollständig ausgeschlafen ist.

- Wende die Manifestationstechniken nur an, wenn du dich o. k. oder, noch besser, gut fühlst. Dieser wertvolle Tipp stammt von meinem Kollegen und guten Bekannten Thorsten Kominek[1].

Beim Manifestieren holen wir nicht nur das Erwünschte ins Hier und Jetzt, wir geben diesem auch Energie mit unseren Gedanken und insbesondere mit unseren Gefühlen. Stell dir nun einmal vor, du befindest dich im Zug, auf dem Weg zur Arbeit und fühlst dich mies oder gestresst. Trotzdem beschließt du, dein Ziel zu visualisieren. Kannst du dir vorstellen, wie viel Energie dies dich kosten wird bzw. welche Schwingung du eventuell deinem Ziel mitgeben wirst?

Dies ist meines Erachtens einer der Hauptgründe, warum es Menschen gibt, die mit diesen oder ähnlichen Methoden keinen oder nur mäßigen Erfolg haben. Wir neigen dazu, erst dann etwas zu tun, wenn es uns schlecht geht. Wenn wir uns gut fühlen, sehen wir meist keinen Handlungsbedarf. Doch genau dann sind wir in unserer Kraft, dann wird Manifestieren zum (Kinder-)Spiel.

Bring dich also, bevor du eine der Manifestationsmethoden anwendest, in einen guten oder fantastischen emotionalen Zustand. Die Spielhelfer (Kap. 3) können dich dabei unterstützen. Nutze ebenfalls die Zeiten, in denen du dich schon wunderbar fühlst, für deren Anwendung.

---

1 *www.kominek.de*

Du hast eine Liste erstellt mit Dingen, die dir Spaß und Freude bereiten? Manifestiere deine Wünsche während oder direkt nach diesen Tätigkeiten.

· Sollte es dir nicht gelingen, eine starke positive Schwingung dein Ziel betreffend zu erzeugen, so kann dir eventuell der folgende kleine Trick helfen: Erinnere dich an eine Zeit, eine Situation, in der du genau dieses Gefühl hattest. Wann fühltest du dich reich (auch finanziell), gesund, schlank, geliebt, glücklich, voller Energie usw.? Was immer dein Ziel ist, du hast es schon einmal gefühlt, es schon einmal gehabt, mehr als einmal, wenn es vielleicht auch schon lange her ist.

Notiere alle diesbezüglichen Erinnerungen, bring sie ins Hier und Jetzt, erlebe sie wieder mit allen Sinnen und bedanke dich dafür. Auch damit erzeugst du eine effektive, anziehende Schwingung.

· Stell dir vor, dein Wunsch hat sich nicht erst jetzt, sondern schon vor langer Zeit erfüllt. Wie würdest du dich fühlen, wenn du schon seit Jahren vollkommen gesund, reich, glücklich usw. wärst bzw. in einer wundervollen harmonischen Partnerschaft lebtest? Richtig, es wäre normal für dich, und genau dies würdest du dann ausstrahlen. Auch das ist eine Schwingung, die sehr wohl geeignet dazu ist, dein Ziel zu manifestieren.

· Solltest du bei deinen Affirmationen auf Ergänzungen verzichten wollen oder ausschließlich Visualisations- oder »Gefühls«-Techniken wie die Power-Pause einsetzen, so kann folgende »Bekräftigung«, die du mindestens eine Woche lang täglich einmal laut aussprechen solltest, hilfreich sein:

»Universum, jedes Mal, wenn ich an ein Ziel denke, es mir vorstelle, fühle oder diesbezügliche Affirmationen laut oder leise ausspreche, so soll dessen Manifestation so oder besser zum bestmöglichen Zeitpunkt und zum Wohle aller geschehen. Alles, was

ich damit in mein Leben ziehe, stammt ausschließlich aus reinen, gesunden und überreichlichen Quellen. Ich danke dir!«

- Lächle, während du manifestierst! In den zwei bis drei Minuten, in denen du in die Energie deines Wunsches gehst, mit welcher Technik auch immer, lächle. Damit unterstützt du die Ausschüttung von Glückshormonen und zugleich deine Schwingung.

Schritt 5: Dankbarkeit

Egal, welche Manifestationstechnik du verwendest, beschließen solltest du deren Anwendung immer mit dem Gefühl der Dankbarkeit. Damit leitest du gleichzeitig schon das Loslassen ein. Solltest du Probleme damit haben, für etwas dankbar zu sein, das du scheinbar noch gar nicht erhalten hast, so hast du die folgenden zwei Möglichkeiten:

Da es primär um die *Emotion* »Dankbarkeit« geht, so gehe einfach in dieses Gefühl, unabhängig von deinem Ziel oder irgendetwas Speziellem. Du bist einfach dankbar.

Die zweite Möglichkeit ist, dass du dich mit dem Dankbarkeitsgefühl auf irgendetwas beziehst, wofür du *wirklich* dankbar bist (Kinder, Partner, Gesundheit, usw.) oder warst. Wie du weißt, antwortet das Universum auf deine Schwingung, die ja hauptsächlich *nicht* von deinen Gedanken, sondern von deinen Emotionen bestimmt wird.

Schritt 6: Wiederholung der Schritte vier und fünf

Auch wenn ich bereits in einem früheren Abschnitt auf die Frage »Reicht es, wenn ich mein Ziel einmal manifestiere, oder muss ich dies immer wieder tun?« eingegangen bin, möchte ich an dieser Stelle noch einmal darauf zurückkommen.

Meine Antwort lautet: Sowohl als auch! Sicherlich gibt es Ziele, bei denen ein einmaliges Manifestieren reicht. Dies sind meist kurzfristige und/oder »kleine« Wünsche.

Ein Beispiel: Du hast in wenigen Stunden oder auch Minuten ein Bewerbungsgespräch, für das du dir einen positiven Ausgang wünschst. Du möchtest diesen Job unbedingt haben. Hierbei ist es durchaus ausreichend, wenn du zuvor *einmal* in die Energie dieses Zieles gehst und es dann loslässt oder, noch besser, an dein höheres Selbst abgibst. Du könntest beispielsweise visualisieren, dass dein zukünftiger Chef oder der Personalchef dir die Hand schüttelt und sagt: »Wir freuen uns auf eine gute Zusammenarbeit!«, und dass du diese Vorstellung mit dem Gefühl der Dankbarkeit beendest.

Bist du jedoch arbeitslos und wünschst dir einen Job, bei dem du dich erfüllt und wohl fühlst, so ist es vorteilhaft, wenn du täglich ein oder mehrere Male in die Energie dieses Zieles gehst. Damit unterstützt du nicht nur die Materialisation, du richtest auch immer wieder deine Antenne (RAS) auf dieses Ziel aus, und neurologisch erschaffst du dafür eine Autobahn.

Lass jedoch dein Ziel oder deinen Wunsch nach dem Manifestieren (Schritt 4 und 5) los bis zur nächsten Anwendung. Sollte dir dies nicht gelingen, so beobachte den Prozess mit Vertrauen und Zuversicht und einer positiven Erwartungshaltung. Mit dem ersten Manifestieren setzt du sozusagen die Saat, und mit den folgenden gibst du dieser, was sie braucht: Licht und Wasser. Mit der vorherigen Auflösung eventueller Widerstände (Schritt 3) hast du das Unkraut entfernt und ihr einen fruchtbaren Boden bereitet.

Abgeben

Als ich 2006 die »1. Deutsche Fachtagung EFT und mehr« organisierte, hatte ich folgendes Zielbild: »Der Saal ist gefüllt, ich stehe auf dem Podium, blicke in die Gesichter von gut gelaunten Teilnehmer/innen, höre meine souveräne Stimme und fühle mich glücklich und dankbar.«

Um bei dieser Veranstaltung nicht draufzulegen, war eine Teilnehmerzahl von 40 das Minimum. Ich setzte mir einen frühen Termin, an dem diese Zahl erreicht sein sollte, andernfalls wollte ich die Tagung absagen. Ich machte Werbung, informierte die »EFT-Gemeinde« und wartete auf Anmeldungen.

Fünf Tage vor dem Termin waren es 15! Daraufhin ließ ich den Wunsch, diese Veranstaltung *unbedingt* stattfinden zu lassen, los und übergab ihn an mein höheres Selbst. Im Vertrauen, dass dieses besser weiß, was gut für mich ist, kam ich zu der Einstellung: »Wenn sich jetzt noch 25 Leute melden bis zum …, dann macht mich dies glücklich und dankbar, wenn nicht, dann ist etwas Besseres vorgesehen!« Doch offensichtlich sollte die Tagung stattfinden. Innerhalb dieser fünf Tage meldeten sich sogar noch mehr als 25 Personen an, und insgesamt nahmen letztlich fast hundert an der Veranstaltung teil.

Das Loslassen und Abgeben brachte mich damals heraus aus meinem Mangelbewusstsein (»Es sind erst 15!«), aus meinem selbst auferlegten Druck und öffnete die Türen für neue Anmeldungen.

Abgeben heißt hierbei *nicht*, sich aus der Verantwortung zu stehlen, im Gegenteil. Es ist einfach die Erkenntnis, dass dein bewusstes Ich mit einer Aufgabe eventuell überfordert ist oder du dich entscheidest, die Hilfe, Weisheit und Macht deines wahren, höheren Selbst in Anspruch zu nehmen. Du übergibst deinen Wunsch an das Göttliche, den Schöpfer in dir.

Vertraue deiner Intuition und gib dann deinen Wunsch ab, wenn sie dir dazu rät.

Ein mindestens drei- bis sechswöchiges tägliches Wiederholen der Schritte 4 und 5 ist jedoch ein guter Richtwert, insbesondere für deine Herzensziele.

Schritt 7: Lass los, erlaube und nimm an

Dies bedeutet in diesem Zusammenhang:

- Lass das Bedürfnis los, dich auf den Mangel zu konzentrieren. Erkenne das Positive, die Fülle in deinem Leben und richte deine Aufmerksamkeit darauf.
- Lass deine Zweifel los, was die Erfüllung deines Wunsches betrifft, gehe ins Vertrauen in deine Schöpferkraft und glaube, dass du es verdienst und es möglich ist. (Oft ein Fall für die Spielhelfer aus Kapitel 3.)
- Lass los, dich um die Art und Weise zu sorgen, wie sich dein Ziel manifestiert. Dies ist die Aufgabe deines Universums und deines höheren Selbst. Gehe davon aus, dass es in der perfekten Art und Weise und zum bestmöglichen Zeitpunkt geschehen wird.
- Erlaube jede Möglichkeit der Manifestation. Sei offen für Überraschungen.
- Erlaube, dass sich dein Wunsch *jetzt* erfüllt. Zeit und

Raum sind Illusion. Sei *jetzt* offen für Gesundheit, Reichtum, wundervolle Beziehungen, Glück, Liebe u. v. m.

- Erlauben heißt auch, du kennst deine Aufgaben:
  - Du konzentrierst dich auf das Endresultat.
  - Du erzeugst mit deinen Gedanken und insbesondere Gefühlen (es schon zu haben) immer wieder die anziehende Schwingung und sendest Dankbarkeit aus.
  - Du weißt, je stärker deine anziehenden Gefühle sind und je weniger Zweifel du bezüglich deiner Ziele hast, desto näher ist deren Manifestation.
  - Du beobachtest deinen Schöpfungsprozess mit Vertrauen, Zuversicht, Freude und Dankbarkeit.
  - Dein Fokus gilt all den schönen Dingen in deinem Leben, deinen Fortschritten (auch den kleinsten), all den Geschenken, die dir der Tag bringt, und du bist dankbar dafür.
  - Du vertraust dem Gesetz der Anziehung.
  - Du weißt, auf der Energie-Ebene bist du mit allem in deinem Universum verbunden, und *deine* Schwingung ist dafür zuständig, welche Dinge du in dein Leben ziehst.
  - Du weißt, dass positive Schwingungen (Gedanken und Gefühle) eine hundertmal stärkere Kraft haben als negative.
  - Du liebst es, dich reich, glücklich und gesund zu fühlen.
- Nimm die Dinge an, die *du* erschaffen hast. Sei dankbar und feiere auch die kleinsten Fortschritte und Erfolge.

Schritt 8: Beachte die Zeichen, folge deiner Intuition und handle

Es gibt gewiss Wünsche, die sich erfüllen, ohne dass man dafür einen Finger krumm machen muss (mal abgesehen vom LOA-Spiel). Für die meisten Ziele ist jedoch mehr Zutun vonnöten. Dieses Handeln darf allerdings *nicht* aus einer negativen Emotion wie z. B. Angst erfolgen. Das wäre sehr kontraproduktiv!

Der Schlüssel ist *in-spiriertes Handeln*. Dies bedeutet erstens, die Motivation zum Handeln sollte von innen kommen, und zweitens sollte sie sich gut anfühlen.

Wenn du immer wieder dein Ziel »ausstrahlst«, werden sich dir zwangsläufig Türen öffnen. Dies können Menschen sein, aber auch Literatur oder Situationen, die dich auf deinem Weg unterstützen. An dir ist es nun, durch diese Türen zu gehen. Dabei gilt es natürlich auch, Entscheidungen zu treffen. Wählst du Tür eins, zwei oder drei?

Vertraue dabei auf dein emotionales Führungssystem, deine Intuition. Welche Tür fühlt sich am besten an? Und bedenke, manchmal sind es gerade die Türen, die sich verrückt anfühlen, die dir den größten Erfolg bringen!

Und noch etwas: *Handle immer in Übereinstimmung mit deinem Ziel (und damit natürlich deiner Mission)!*

Ein Beispiel:
Nehmen wir an, dein Ziel ist »finanzielle Freiheit«. Und nehmen wir weiter an, es gibt ein Seminar, das du gerne besuchen möchtest, und du buchst es. Als Nächstes suchst du nun eine Übernachtungsmöglichkeit, also ein Hotel oder eine Pension. Wie gehst du vor? Schaust du primär auf den Preis, oder sind dir andere Faktoren wichtiger?

Hierzu eine kleine Geschichte: Im Oktober 2006 war ich Aussteller bei einer Gesundheitsmesse in Saarbrücken, und für die notwendigen Übernachtungen hatte ich einige Hotels zur Auswahl. In die engere Wahl fielen ein Hotel, ca. 3 km entfernt, zum Preis von 45 Euro und ein Hotel direkt gegenüber der Messehalle zum Preis von 70 Euro pro Übernachtung und Frühstück, Anreise mit dem eigenen Auto.

Um die 50 Euro Mehrpreis (für zwei Übernachtungen) zu sparen, entschied ich mich damals für das billigere Hotel, obgleich ich mir das teurere locker leisten konnte.

Was passierte: Am ersten Tag verfuhr ich mich auf dem Weg zur Messe und auf dem Rückweg von der Messe zum Hotel. Dies kostete mich insgesamt etwa 60 Minuten plus Benzin. Deshalb nahm ich am nächsten Tag ein Taxi (Kosten: 25 Euro). Mein Hotel lag direkt neben der Hauptstraße, Ausschlafen war nicht möglich. Das Zimmer war mäßig, das Frühstück auch. Am letzten Tag verfuhr ich mich wieder (Kosten: 45 Minuten und Benzin).

Was habe ich also gespart? Und was habe ich an das Universum ausgestrahlt? »Ich kann mir ein gutes Hotel für 70 Euro die Nacht nicht leisten!« Und: »Ich bin es nicht wert, in einem guten Hotel für 70 Euro zu übernachten!«

An diesem Wochenende handelte ich gegen mein Ziel »finanzielle Freiheit«, und das Universum hat dies nicht nur nicht unterstützt, es hat mir sogar eine Lektion erteilt. Danke!

Ich bin sicher, auch du hast schon ähnliche Erfahrungen gemacht. Du handelst gegen dein Ziel oder deine Intuition, und was kommt heraus? Eine neue unangenehme Lernerfahrung. Folgst du jedoch deinem »Bauchgefühl« und handelst inspiriert und in Übereinstimmung mit deinem Ziel, so wird sich der Erfolg schnell und mit großer Wahrscheinlichkeit einstellen.

Mit dem Thema »Handeln« endet eigentlich dieser Spielabschnitt. Im Folgenden möchte ich jedoch noch auf einige

Aspekte eingehen, die das Spiel effektiv unterstützen können, insbesondere, wenn es einmal nicht so läuft, wie du es dir wünschst.

Beobachterposition

Erkenntnisse aus der Quantenphysik besagen, dass der Beobachter Einfluss auf den Verlauf eines Experimentes nimmt. Auch wir befinden uns die meiste Zeit des Tages in der Position des Beobachters und nehmen damit Einfluss auf unsere Realität. Als Beobachter strahlen wir mit unseren Gedanken und Gefühlen Schwingungen aus, die uns von unserem Ziel entfernen oder uns ihm näher kommen lassen.

Sei dir dessen immer bewusst. Welche Schwingung sendest du wohl aus, wenn du ungeduldig oder frustriert bist im Hinblick auf dein Ziel?

Beobachte in den nächsten Tagen und Wochen deine Gedanken und Gefühle in Bezug auf deine Wünsche. Auch wenn diese negativer Art sind, so bewerte sie *nicht* (schlechte Schwingung), nimm sie an und lass sie wieder los.

Frage dich: »Was möchte ich denken, und wie möchte ich mich fühlen im Bezug auf meine Ziele?« Nimm diese positiven Gedanken und Gefühle mit Freude und Dankbarkeit an und strahle sie aus.

Je öfter du dies tust, desto leichter wird es dir fallen. Die Anzahl destruktiver Gedanken wird sich vermindern, die der konstruktiven erhöhen. Und was wird wohl das Resultat davon sein?

Verzögerung

Zwischen dem »Ausstrahlen« deines Zieles (Manifestieren) mithilfe von Gedanken und Gefühlen und dessen Manifestation vergeht naturgemäß eine bestimmte Zeit. Und das ist gut so!

Stell dir einmal vor, jeder deiner Gedanken – und insbesondere der negativen – würde sich sofort manifestieren ...

Im Film *The Secret – Das Geheimnis* wird dies sehr anschaulich illustriert: Ein Mann sitzt in seinem Wohnzimmer und denkt an einen Elefanten ... und wusch, ist er da, direkt vor seiner Nase. Wie kriegt er den wohl wieder aus dem Haus?

Die Zeitspanne zwischen »Ausstrahlen« und Manifestation ist abhängig von der Schwingung, die du ins Universum ausstrahlst. Diese ist wiederum umso stärker, je mehr Vertrauen, Zuversicht und Glauben du in die Manifestation hast. Und Vertrauen, Zuversicht und Glauben sind umso stärker, je weniger Zweifel und Widerstände du hast. Mit den Spielhelfern (Kap. 3) hast du es letztendlich selbst in der Hand, diese Zeitspanne zu verringern.

Eine andere Möglichkeit wäre, sich – insbesondere für Schritt 4 (Manifestieren) – im Geiste an einen Ort zu begeben, wo Zeit und Raum nicht existent sind. Dieser befindet sich in dir und ist geprägt von tiefster Stille. Strahle deinen Wunsch in diese Stille aus, und erfreue dich an seiner schnellen Manifestation.

Ein weiterer Aspekt zum Thema »Verzögerung« ist folgender: Nehmen wir einmal an, du spielst das LOA-Spiel, doch plötzlich ereignen sich negative Dinge, du hast Rückschläge, oder alles ist schlimmer als vorher.

Ein Grund hierfür kann sein, dass du mit dem Gehen in eine positive, unbekannte Richtung (raus aus deiner Komfortzone) die negative sozusagen geweckt hast und sich vermehrt Ängste oder andere negative Emotionen oder

Beschwerden zeigen. Indem du diese mit den Spielhelfern auflöst, erweiterst du zwangsläufig Schritt für Schritt deine Komfortzone, in der sich schließlich auch deine Wünsche befinden werden.

Es kann jedoch auch sein, dass du gerade das erntest, was du vor Wochen, Monaten, Jahren oder auch in einem früheren Leben mit negativen Gedanken, Gefühlen und Handlungen gesät hast. Die Lösung heißt: Dranbleiben! Spiel das Spiel weiter, und das mit Freude. Tust du dies, so wird deine positive Ernte mit der Zeit immer reichhaltiger ausfallen.

Motivation und Inspiration

Motivation ist nach meiner Ansicht etwas, das man von außen erhält. Dies kann eine Belohnung sein, ein Schulterklopfen, etwas, das jemand sagt, usw. Praktisch gesehen heißt dies:

- Belohne dich täglich mit Dingen, die du liebst, die du gerne tust. Du bist es wert! Du verdienst es!
- Umgib dich mit Menschen, die deine Ziele unterstützen. Rede mit diesen über deine Ziele, über das, was du wirklich willst, und unterstütze sie bei ihren Zielen.
- Klopf dir ab und zu mal selbst auf die Schulter und ebenso anderen. Beides kann auch in Form eines Zuspruchs, eines Komplimentes oder einfach eines herzlichen »Dankeschön!« sein.

Inspiration ist sozusagen Motivation von innen. Jedes Ziel steht im Rahmen von etwas größerem, einem höheren Ziel und letztendlich deiner Bestimmung. Es ist viel leichter, das zu erreichen, wenn dein höheres Selbst und dein Universum dieses Höhere kennen. Manchmal ist es jedoch so, dass diese beiden nicht die Verbindung zwischen deinem spezifischen Wunsch, deinen höheren Zielen und deiner Bestimmung erkennen.

Notiere bitte noch einmal dein spezifisches Ziel:

... ...

Notiere jetzt zusätzlich noch, so gut du kannst, die Gründe, warum du dieses erreichen willst und welchem höheren Ziel das Erreichen dieses Zieles dient:

»Ich will dieses Ziel erreichen, weil ...«

»Wenn ich dieses Ziel erreicht habe, dann ...«

»Dieses Ziel ist in Übereinstimmung mit meiner Mission/Bestimmung, weil ...«

Lies jetzt noch einmal laut, was du notiert hast, und sei dir gewiss, dein höheres Selbst und dein Universum unterstützen dich.

Erfolge feiern

Feiere auch die kleinsten Erfolge mit Dingen, die dir wiederum Freude machen! Gutes ist auf dem Weg. Sei aufrichtig dankbar auch für die kleinsten positiven Veränderungen.

Die acht LOA-Schritte

1. Akzeptiere deine jetzige Situation und lass sie los.
2. Definiere und formuliere dein Herzensziel.
3. Löse eventuelle Widerstände und Blockaden mit den Spielhelfern auf.

4. Nutze die Manifestationsmethoden:
   - Affirmationen, Mantren, Schläfenklopfen
   - Visualisationen, Ah-Meditation, Vision-Board, Vision-Statement, Mein perfekter Tag
   - Power-Pause
5. Sei dankbar
6. Wiederhole Schritt 3 und 4 täglich
7. Lass los, erlaube und nimm an.
8. Beachte die Zeichen, folge deiner Intuition und handle.

Hiermit endet nun dieser Abschnitt des LOA-Spiels. Alle bisherigen Anregungen, Hinweise, Tipps, Vorgehensweisen, Techniken und Übungen hatten das Ziel, die Erfolgsquote, dein Herzensziel betreffend, zu optimieren.

Auf der folgenden Seite findest du eine Grafik, die die wichtigsten Punkte dieses Spielabschnitts noch einmal illustriert. Der Ballon steht dabei für dein Herzensziel, sein Abheben bedeutet Manifestation. Alle Kriterien im oberen Bereich geben deinem Wunsch Auftrieb. Dieser kann bei einem wirklichen Herzensziel so groß sein, dass er sozusagen alle Fesseln (Leinen) sprengt und du das Ziel selbst dann erreichst, wenn Widerstände das Abheben erschweren oder gar verhindern wollen. Das ist der große Vorteil von 100%-Herzenszielen.

Mit den Spielhelfern, effektiv angewendet auf diese Widerstände (Anker), kannst du den Manifestationsprozess erleichtern und beschleunigen oder eventuell überhaupt erst ermöglichen.

Powerziele

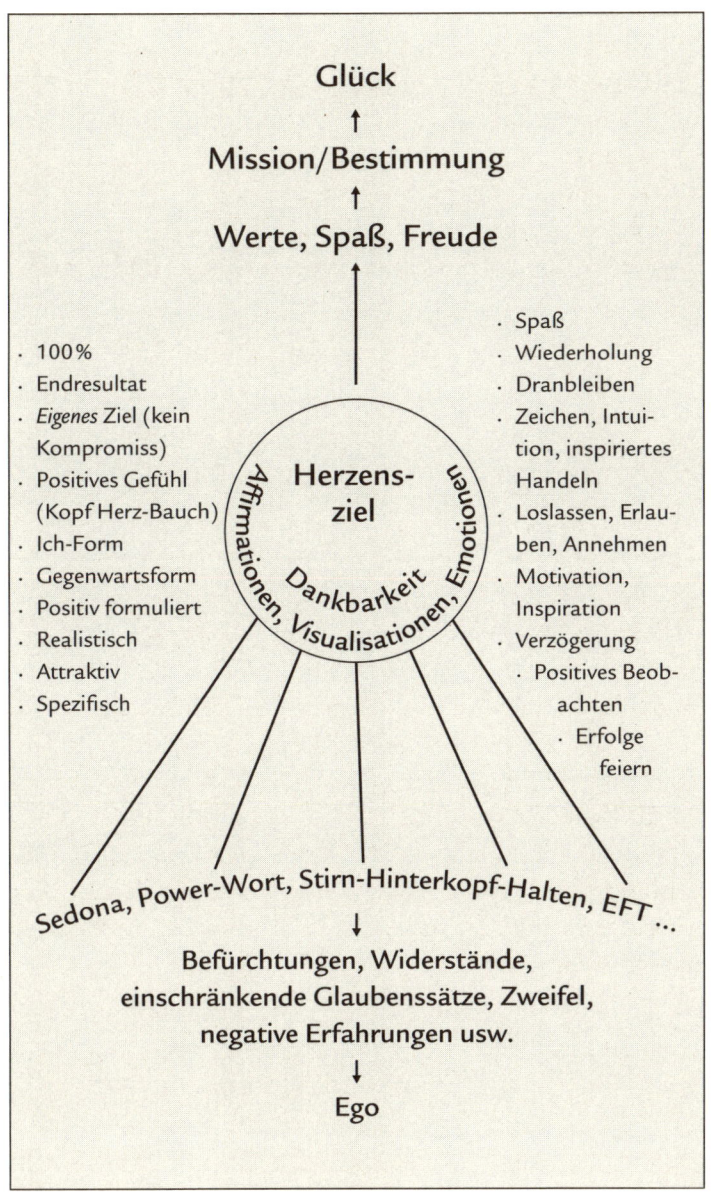

Glück

↑

Mission/Bestimmung

↑

Werte, Spaß, Freude

↑

· 100%
· Endresultat
· *Eigenes* Ziel (kein Kompromiss)
· Positives Gefühl (Kopf Herz-Bauch)
· Ich-Form
· Gegenwartsform
· Positiv formuliert
· Realistisch
· Attraktiv
· Spezifisch

· Spaß
· Wiederholung
· Dranbleiben
· Zeichen, Intuition, inspiriertes Handeln
· Loslassen, Erlauben, Annehmen
· Motivation, Inspiration
· Verzögerung
· Positives Beobachten
· Erfolge feiern

Herzens-ziel

Affirmationen, Visualisationen, Emotionen

Dankbarkeit

Sedona, Power-Wort, Stirn-Hinterkopf-Halten, EFT ...

↓

Befürchtungen, Widerstände, einschränkende Glaubenssätze, Zweifel, negative Erfahrungen usw.

↓

Ego

6. Spielverderber

»Wer mutig ein hohes Ziel verfolgt, den Widerstand,
den er findet, besiegt, wird schließlich eine Quelle von
Segnungen daraus sprudeln sehen.«
Margaret Fuller

Im letzten Kapitel bin ich bereits auf das Identifizieren und
Auflösen von eventuellen Widerständen, dein Herzensziel
betreffend, eingegangen. Im Allgemeinen reicht die dort
beschriebene Vorgehensweise, um die Seile, die deinen
Wunsch am Boden halten, zu kappen und damit den Manifestationsprozess einzuleiten bzw. zu unterstützen.
Sollte sich der Erfolg jedoch sehr in Grenzen halten, stagnieren oder solltest du gar das Gefühl haben, dass vieles
schlechter ist als zuvor, so liegt dies höchstwahrscheinlich
an weiteren, dir unbewussten Widerständen wie:

· negativen Erfahrungen
· Nicht-Verzeihen
· systemischen Faktoren
· Zweifeln
· psycho-energetischer Umkehrung und einschränkenden
  Glaubenssätzen

In diesem Spielabschnitt werde ich nun auf diese Top 5 der
Spielverderber eingehen.
Zuvor möchte ich dir jedoch noch eine ganz einfache

Technik vorstellen, die dir ermöglicht, diese versteckten Einsprüche zu ermitteln:
Übertreibe bei deinem Ziel! Greif nach den Sternen!
Formuliere zu diesem Zweck dein Ziel um. Lass jedoch sowohl bei der ursprünglichen wie bei der übertriebenen Version eine eventuelle Einleitung oder Ergänzung weg.

Ein Beispiel:
Deine Zielaussage lautet:
»Ich erhalte dauerhaft 25 000 € netto im Jahr.«
Übertrieben:
»Ich erhalte dauerhaft 100 000 € netto im Jahr.«
Diese Aussage oder Vorstellung wird etwaige versteckte Widerstände an die Oberfläche bringen, die du dann mit den Spielhelfern auflösen kannst. Wenn nicht, erhöhe den Betrag weiter und/oder setze einen nahen Termin.

Weitere Beispiele für mögliche »Übertreibungen«:
»20... (Jahreszahl) erhalte ich 100 000 € netto.«
»Im Juli 20... wiege ich ... kg.«
»Im August 20... führe ich eine wundervolle, harmonische Beziehung.«
Sind alle Widerstände gegen dein »übertriebenes« Ziel aufgelöst, so gehe zurück zu deinem ursprünglichen Ziel. Dieses wird sich nun umso leichter und schneller manifestieren.

Top 5 der Spielverderber

Die folgende Reihenfolge habe ich intuitiv gewählt, da eine objektive Gewichtung der Punkte unmöglich ist.

Nr. 5: Negative Erfahrungen

Wir alle machen im Laufe unseres Lebens die eine oder andere negative Erfahrung. Sind diese nicht ausreichend verarbeitet, so schleppen wir sie wie faule Kartoffeln in einem Sack auf dem Rücken weiter durch unser Leben. Jede dieser Kartoffeln kann zu einem Stolperstein werden auf dem Weg zu unseren Zielen.

Negative Erlebnisse lenken zudem unsere Aufmerksamkeit von unseren Wünschen weg in die Vergangenheit zu den Dingen, die wir nicht (mehr) wollen. Und mittlerweile weißt du, was das Ergebnis davon sein wird: Mehr davon!

Wenn du also mehr Geld, einen neuen Arbeitsplatz, eine neue glückliche Beziehung oder vollkommene Gesundheit usw. möchtest, so ist es vorteilhaft, alle diesbezüglichen negativen Erfahrungen aufzulösen. Mach dir eine Liste und schreibe groß darüber das Thema, auf das sich dein Ziel bezieht, wie Geld, Arbeit, Beziehung, Partnerschaft, Gesundheit, Lernen, Sport, Gott, Glaube, und notiere alle negativen Erlebnisse, die du mit dem jeweiligen Punkt verbindest.

Mit den Spielhelfern kannst du diese dann nach und nach auflösen. Solltest du dies mit EFT tun wollen, so findest du in meinem EFT-Buch effektive Anleitungen, dort insbesondere im letzten Abschnitt von Kapitel 3 »Der persönliche Friedensprozess«.

Wichtiger Hinweis:
Traumatische Erfahrungen gehören in die Hände eines Spezialisten!

Hier die Vorgehensweise in Kürze, wie du negative Erfahrungen mithilfe der Sedona-Methode (siehe Kap. 3) loslassen kannst:

1. Wähle ein belastendes Ereignis dein Ziel betreffend.
2. Wenn du jetzt, so gut du kannst, an dieses denkst, registriere das negative Gefühl, das dies bei dir auslöst.
3. Stell dir nun die folgenden Fragen:
   - Könnte ich mir gestatten, dieses Gefühl willkommen zu heißen?
   - Könnte ich es loslassen?
   - Bin ich bereit dazu?
   - Wann?
4. Wiederhole die Schritte 2 und 3, bis du das Gefühl hast, du bist in Frieden mit diesem Ereignis, und sei dankbar dafür.

Nr. 4: Nicht-Verzeihen

Für viele spirituelle Lehrer ist Verzeihen ein essenzieller Schritt hin zu Heilung und positiven Veränderungen. Dies gilt für alle Bereiche deines Lebens. Solange du anderen oder auch dir selbst nicht für die (scheinbar) negativen Dinge in deinem Leben verzeihst, bist du diesen verhaftet. Und den (scheinbar) negativen Dingen der Vergangenheit verhaftet zu sein, erzeugt nicht die Schwingung, die du brauchst, um positive Veränderungen einzuleiten. Dies bedeutet außerdem, dass du der Person, der du *nicht* verzeihst, weiterhin Macht über dich gibst. Ein guter Grund zum Verzeihen, oder?

Gibt es Personen oder Institutionen, denen du mehr oder weniger Schuld an negativen Erlebnissen in deiner Vergangenheit oder deiner derzeitigen Situation gibst, und denen du bisher nicht verzeihen konntest?

Notiere diese Personen/Institutionen und das jeweilige Thema:

... ...

Stell dir jetzt folgende Frage zu jedem Punkt auf deiner Liste:

Wenn ich in den Schuhen dieser Person(en)/Institution(en) stecken würde/gesteckt hätte, hätte ich nicht *vielleicht* ähnlich gehandelt?

Und für welche Dinge deines Lebens gibst du dir selbst die Schuld?

Notiere auch diese:

... ...

Stell dir jetzt folgende Frage zu jedem Punkt auf dieser Liste:

Wenn jemand anderes in meinen Schuhen stecken würde/gesteckt hätte, hätte diese Person nicht *vielleicht* ähnlich gehandelt?

Der erste Schritt zur Verzeihung ist meist Verstehen. Mit diesen Fragen erreichst du wahrscheinlich diese Stufe, und Verzeihen ist dann sehr viel leichter. Natürlich können dich auch die Spielhelfer beim Verzeihen unterstützen.

Auf einer höheren Bewusstseinsstufe gibt es so etwas wie Schuld nicht mehr und damit auch kein Verzeihen. Hier ein paar Gedanken dazu:

Wir alle handeln in den jeweiligen Situationen nach unseren Möglichkeiten. Diese können aufgrund von Alter, körperlichem und emotionalem Befinden, Glaubenssätzen, Erfahrungen, Erziehung, Werten, Umfeld usw. mehr oder weniger eingeschränkt oder limitiert sein.

Im NLP gibt es beispielsweise Grundannahmen wie:

· Hinter jedem Verhalten steht eine positive Absicht.
· Menschen treffen stets die beste ihnen *zur Verfügung* ste-

hende Wahl. Wenn sie eine bessere Möglichkeit *erkennen*, werden sie diese auch nutzen.

- Jeder Mensch ist wie ein eigenes Universum und hat dementsprechend jeweils ein ganz eigenes Modell der Welt.

Nehmen wir jetzt zwei Grundannahmen des LOA dazu:

- Wir ziehen die Dinge in unser Leben, mit denen wir uns in Resonanz (auf derselben Energieschwingung) befinden.
- Deine derzeitige Situation, was immer sie auch sei, ist das direkte Resultat *deiner* Gedanken und Emotionen und damit der Energiefrequenz, die du aussendest. Diese liegt zu 100 % in deiner eigenen *Verantwortung*!

Wenn wir nun diese Grundannahmen als Wahrheiten ansehen, dann ist Schuld, wie so vieles, was uns unser Ego »schenkt«, nur eine Illusion und dem Verzeihen damit der Sinn entzogen.

Nr. 3: Systemische Faktoren

Keiner von uns ist eine Insel! Mal abgesehen von unserer universellen Verbindung, leben wir alle in einem mehr oder weniger engen Beziehungsumfeld. Jede Veränderung, uns betreffend, hat Einfluss auf dieses System, positiven oder negativen. Selbst wenn wir uns in eine positive Richtung bewegen, kann sich dies negativ auf unsere Beziehungen auswirken. Jedenfalls glauben wir dies manchmal.

Vielleicht kennst auch du »Programme« wie:

»Ich darf nicht erfolgreicher sein als mein Vater, meine Mutter, mein Partner usw., sonst ...«

»Ich darf nicht glücklicher sein als ...«
»Ich darf nicht mehr Geld verdienen als ...«
»Ich darf nicht gesünder sein als ...«
»Ich darf nicht schlanker sein/mehr abnehmen als mein Partner ...«
»Wenn ich aufhöre zu rauchen/trinken, dann mögen mich meine Freunde nicht mehr.«
Usw.

Diese wirken sich negativ auf unsere jeweiligen Ziele aus, da wir glauben, dass deren Erreichen negative systemische Konsequenzen nach sich ziehen würde.

Die oben angeführten Programme sind natürlich nur Beispiele.

Wo gibt es, was dein Ziel betrifft, systemische Blockaden, und was wären die Konsequenzen, wenn du glücklicher, gesünder oder erfolgreicher wärst als ...? Notiere jetzt deine Gedanken und Gefühle hierzu, stelle das Notierte infrage und/oder löse diesbezügliche negative Emotionen mit den Spielhelfern auf.

Hier ein weiterer Aspekt zum Thema Beziehungsumfeld:

So wie wir jetzt sind, sind wir in Resonanz mit den Menschen, die wir mögen und lieben. In dieser Schwingungsfrequenz haben wir sie ja schließlich auch in unser Leben gezogen.

Ein Beispiel:

Nehmen wir einmal an, es gäbe eine Schwingungsskala von 0 bis 1000. Du hast einen Partner und Freunde, die sich mit dir auf einer ähnlichen Schwingungsebene befinden, sagen wir mal bei ca. 350. Durch positive Veränderungen, Erkenntnisse, Lernen und spirituelles Wachsen erhöht sich dein Wert in kürzester Zeit auf 500.

Sollte nun dein Umfeld nicht in ähnlichem Maße mit dir wachsen, so wird dies höchstwahrscheinlich zu Dissonanzen führen. Daraufhin wirst du Menschen in dein Leben ziehen, die mit dieser 500 resonieren, jedoch nicht mit deinem alten Umfeld. Die Menschen aus dem alten Umfeld werden vielleicht sogar unbewusst versuchen, dich wieder in ihre Schwingung zu ziehen.

Ich weiß noch, wie ich einmal meine alte Stammkneipe besuchte, die ich bestimmt zehn Jahre nicht mehr betreten hatte. Früher hatte ich mich darin immer sehr wohl gefühlt, und obwohl sich sehr wenig verändert hatte, was die Kneipe betrifft, war mir diese plötzlich fremd. Es war keine Resonanz mehr vorhanden, und dies lag allein an mir.

Eine Veränderung der eigenen Schwingung hat immer auch Veränderungen im Beziehungsumfeld zur Folge. Dies sollte dir bewusst sein.

Was löst das Wort »Veränderung« bei dir aus? Freude, Neugier, Unsicherheit oder gar Angst?

Sollten negative Emotionen die Antwort sein, so ist dies wiederum ein Fall für die Spielhelfer.

Nr. 2: Zweifel

»Wahrlich, ich sage euch: Wer zu diesem Berge spräche:
Heb dich und wirf dich ins Meer und zweifelte nicht in
seinem Herzen, sondern glaubte, dass geschehen werde,
was er sagt, so wird's ihm geschehen.«
Markus 11,23

Zweifel sind immer dann vorhanden, wenn du nicht hundertprozentig davon überzeugt bist, dass du dein Ziel erreichen kannst oder wirst. Ist dies der Fall, so bedeutet dies nicht, dass sich dein Wunsch nicht erfüllen wird. Der Manifestationsprozess wird sich vielleicht etwas schwieriger und langwieriger gestalten. Faktoren, die hierbei entscheidend sind, sind die »Stärke« deines Ziels und der Grad deines Zweifels.

Ich bin sicher, dass fast alle erfolgreichen und berühmten Menschen Zweifel bezüglich ihrer Ziele hatten, aber sind sie deswegen ver-zweifelt? Nein, denn sie hatten starke, 100%-Herzensziele, und diese waren »über jeden Zweifel erhaben«.

Mit deinen Zweifeln dein Ziel betreffend befindest du dich also in einer Reihe mit den berühmtesten Menschen der Geschichte und natürlich auch mit mir und (fast) allen anderen. Solange dein Wunsch größer ist als deine Bedenken, hast auch du gute Chancen, dass er sich erfüllt. Je größer hierbei die Differenz ist, desto schneller wird dies geschehen.

Absoluter, hundertprozentiger Glaube bedeutet Abwesenheit von jeglichem Zweifel. Es gibt wenige Menschen, die dazu fähig sind. Jemand, der diese Fähigkeit hat, ist in der Lage, aus dem Nichts etwas zu manifestieren, in Lichtgeschwindigkeit. Vielleicht war Jesus einer dieser

Erleuchteten. Seine »Wunder« lassen jedenfalls darauf schließen.

Wie sehr bist du auf einer Skala von 0 bis 100 (100 bedeutet absolute Gewissheit) aufrichtig überzeugt, dass du dein Ziel erreichen kannst und wirst?

… … …

Sollte deine Antwort 90 oder mehr sein, so bist du ganz kurz vor der Manifestation deines Ziels. 70 bis 89 bedeutet, es dauert nicht mehr lange. 51 bis 69, es ist auf dem Weg.

Je geringer der Wert ist, desto länger musst du auf die Materialisation warten, bzw. desto größer ist die Wahrscheinlichkeit, dass du es *nicht* erreichst (50 und weniger), insbesondere, weil ein geringer Wert auch eine geringe Motivation bedingt.

Ist nun der Wert bei dir noch nicht auf der gewünschten Höhe, hast du mehrere Möglichkeiten:

1. Ändere deine Affirmation ab, sodass du deinen gewünschten Wert erreichst. Im vergangenen Spielabschnitt habe ich hierzu schon viele Anregungen gegeben.
2. Lass negative Gedanken und Gefühle, die deine Zweifel auslösen, mit den Spielhelfern los, bis dein »Glaubenswert« die erwünschte Höhe erreicht hat.
3. Notiere alles, was dir einfällt und was deine Zuversicht, dein Ziel zu erreichen, unterstützt.

Zu Punkt 1: Meine neue Affirmation lautet:

… … …

Zu Punkt 2 (mit den Spielhelfern):

Denke an dein Ziel und die damit verbundenen Zweifel. Welches Gefühl lösen diese bei dir aus?

Stelle dir die folgenden Fragen:
Könnte ich mir gestatten, dieses Gefühl willkommen zu heißen?
Könnte ich es loslassen?
Bin ich bereit dazu?
Wann?
Wiederhole dieses Vorgehen, bis dein erwünschter »Glaubenswert« erreicht ist.

Zu Punkt 3: Ich erreiche mein Ziel, weil:
... ...
Notiere jetzt abschließend deinen neuen Glaubenswert:
... ...

Auch wenn sich dein Glaubenswert noch nicht in den höchsten Regionen befindet, so bleib gelassen im Vertrauen auf die Macht deines höheren Selbst. Unterstütze weiter die Manifestation deines Wunsches mit Affirmationen und/oder Visualisationen und handle, wenn dir deine Intuition dazu rät. Erkenne die kleinen oder größeren Erfolge, die du damit zwangsläufig in dein Leben ziehst, nimm sie dankend an und feiere sie. Dies wird unvermeidlich den Glaubenswert, dein Herzensziel betreffend, stetig erhöhen bis zu dessen endgültiger Materialisation.

Nr. 1: Psycho-energetische Umkehrung und einschränkende Glaubenssätze

Psycho-energetische Umkehrung (PU)

Mit dem Begriff »psycho-energetische Umkehrung« bezeichnet man im EFT eine Störung oder Blockierung im Energie-(Meridian-)System, die von psychischen Faktoren ausgelöst wird. Die Energie fließt sozusagen in die falsche Richtung.

Eine PU könnte man auch bezeichnen als den Unterschied zwischen dem, was wir wollen, und dem, was wir dann tatsächlich tun. Sie zeigt sich häufig in bewussten oder auch unbewussten einschränkenden oder blockierenden Glaubenssätzen wie:

»Ich will dieses Ziel nicht erreichen.«

»Ich verdiene es nicht, dieses Ziel zu erreichen.«

»Ich kann dieses Ziel nicht erreichen.«

»Es ist nicht sicher, dass ich dieses Ziel erreiche.«

»Ich werde dieses Ziel nicht erreichen.«

Usw.

Wenn du also das Gesetz der Anziehung auf ein bestimmtes Ziel anwendest und nur schwer vorankommst, stagnierst oder nach einiger Zeit dich weiter als je zuvor von deinem Ziel entfernt siehst oder fühlst, kann dies auch an einer oder mehreren PUs liegen.

Ohne hier tief in diese Thematik einzusteigen (wie in meinem EFT-Buch), möchte ich dir eine einfache Methode vorstellen, eine mögliche PU bezüglich deines Ziels zu korrigieren. Diese solltest du im Verdachtsfall jedes Mal direkt vor dem Aussprechen deiner Affirmation oder dem Visualisieren deines Ziels anwenden.

Klopfe mit deinen Fingerspitzen den sogenannten Handkantenpunkt (siehe Bild) und sage dreimal laut und mit fester Stimme:

»Ich ... (hier deine Zielaussage einsetzen), *und* ich (liebe und) akzeptiere mich so wie ich bin!«

Beispiel: »Ich liebe es, vollkommen gesund zu sein, *und* ich liebe und akzeptiere mich, so wie ich bin!«

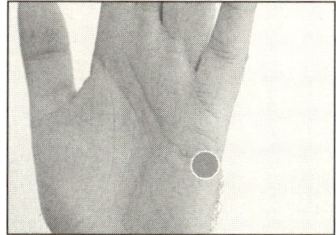 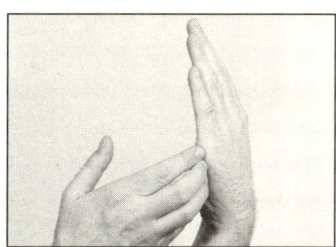

Wende diese Methode aber erst an, wenn du das Gefühl hast, alle sonstigen Widerstände beseitigt zu haben. Das erkennst du daran, dass das Visualisieren bzw. Erleben deines Ziels durchweg von positiven Gefühlen begleitet ist. Dies heißt im Umkehrschluss: Obwohl du deinen Wunsch positiv erlebst, kann eine (unbewusste) PU diesbezüglich bestehen, die möglicherweise erst erkennbar wird, je näher du deinem Ziel kommst.

Einschränkende Glaubenssätze

Einschränkende Glaubenssätze (EGS), zu denen auch PUs gehören, sind meist tief verwurzelte Überzeugungen, die uns selbst betreffen, aber auch andere Lebewesen und Dinge. Diese »Programme« laufen meist unbewusst in uns. Eins haben sie jedoch gemeinsam, sie schränken uns ein oder blockieren uns gar, auch wenn sie vielleicht zu irgendeiner Zeit in unserem Leben einen Sinn hatten. Viele dieser

Glaubenssätze haben wir übernommen (von Eltern, Verwandten, Freunden, Bekannten, Fernsehen, Magazinen, Büchern, Kirche usw.), andere sind das Resultat von negativen Erfahrungen.

Dabei sind einige dieser Überzeugungen eher globaler Natur, andere spezifischer, wie beispielsweise solche, die ein Ziel betreffen.

☺ 🖋 Globale Glaubenssätze

Vervollständige bitte schnell die folgenden Sätze mit dem, was dir als *Erstes* dazu einfällt:

Die Welt ist ...
Die Menschen sind ...
Das Leben ist ...
Gott ist ...
Ich bin ...
Geld ist ...
Reiche Menschen sind ...
Arbeit ist ...
Gesundheit (psychisch und physisch) ist ...
Beziehungen sind ...
Männer sind ...
Frauen sind ...
Lernen ist ...

Unterstützen diese deine »Wahrheiten« das Leben, das du dir erwünschst, und im speziellen dein Herzensziel?

Wenn nicht, dann ändere sie dahingehend ab!

Neben dem Gesetz der Anziehung gibt es auch noch das Gesetz der Dualität: gut/böse; Licht/Schatten; groß/klein; Problem/Lösung; Yin/Yang usw.

Nehmen wir einmal an, dein Ziel ist finanzieller Wohlstand, und du hast einen Glaubenssatz wie: »Reiche Menschen sind geizig.«

Dies ist aber nur die eine Seite der Münze bzw. der Wahrheit.

Die andere lautet: »Reiche Menschen sind großzügig.«

Welche dieser beiden Wahrheiten unterstützt nun eher dein Ziel? Wohl eher die zweite, oder?

Egal welche Wahrheit du zu deiner eigenen machst, sie wird sich bestätigen. Das ist das Gesetz der Anziehung.

Wenn du glaubst, die Welt ist schlecht, wird sie dir dafür Beweise liefern.

Wenn du glaubst, die Welt ist schön, dann wird dies zu deiner Realität.

Welche Wahrheit wählst du? Es ist deine Entscheidung!

Liegt ein einschränkender Glaubenssatz (EGS) dein Ziel betreffend vor, so kann dieser sich verstärken, je mehr und je schneller du dich auf dieses zubewegst.

Hierzu eine kleine Metapher:

Stell dir vor, an deinem Rücken ist ein Gummiband befestigt. Dieses Gummiband repräsentiert einen EGS. Du gehst langsam ein paar Schritte vorwärts (auf dein Ziel zu) und spürst zwar einen kleinen Widerstand, noch ist jedoch alles o. k. Je weiter du jedoch vorwärtsgehst, desto stärker wird dieser Widerstand, und es kann sein, dass du kurz vor deinem Ziel nicht nur nicht mehr weiterkommst, sondern dieses Gummiband dich sogar wieder zurückzieht.

Und jetzt stell dir vor, du hast so ein Gummiband im Rücken und sprintest los. Vielleicht schaffst du es jetzt sogar, deinem Ziel noch etwas näher zu kommen. Doch was passiert dann? Mit voller Wucht wirst du wieder zurückgerissen und landest im günstigsten Fall wieder auf deinem

Ausgangspunkt. Es kann sogar passieren, dass das Gummiband dich an einen Punkt befördert, der noch »schlechter« als dieser Ausgangspunkt ist.

In der Literatur findet man viele Methoden, einschränkende Glaubenssätze aufzulösen und unterstützende zu installieren. Im Folgenden findest du zwei Möglichkeiten, die du gleich einmal testen kannst. Die eine bedient sich der Sedona-Methode (siehe Kap. 3), die andere beruht auf Ankertechniken aus dem NLP.

Zur Veranschaulichung habe ich eine der größten Blockaden gewählt, die es bezüglich deines Ziels wohl geben kann. Den Glaubenssatz:

»Ich verdiene es *nicht* ... (Ziel)«

Beispiel: »Ich verdiene es *nicht*, eine liebevolle, harmonische Partnerschaft zu führen.«

Sedona-Methode

Hierbei möchte ich betonen, dass die folgende Vorgehensweise zwar auf dieser Fragetechnik beruht, die Anwendung auf Glaubenssätze jedoch von mir konzipiert wurde. Dabei stellt der unterstützende Glaubenssatz (UGS) das Ziel dar, und mit der Sedona-Methode lösen wir die Widerstände diesbezüglich auf.

☺ ✐

1. Notiere den EGS, den du identifiziert hast: ...
   »Ich verdiene es *nicht* ... (hier dein Ziel eintragen).«
   (»Ich verdiene es *nicht*, eine liebevolle und harmonische Partnerschaft zu führen.«)
2. Formuliere einen gegensätzlichen unterstützenden Glaubenssatz:
   »Ich verdiene es ... (hier dein Ziel eintragen).«

(»Ich verdiene es, eine liebevolle und harmonische Partnerschaft zu führen.«)

3. Sprich diesen UGS nun ein- oder zweimal laut aus und
   registriere deine emotionale Reaktion, eventuell in Form
   eines Gefühls von Widerstand.
   Was fühlst du jetzt in diesem Moment?

4. Stell dir folgende Fragen:
   a) Könnte ich mir gestatten, dieses Gefühl bzw. diesen
      Widerstand willkommen zu heißen?
   b) Könnte ich es bzw. ihn loslassen?
   c) Bin ich bereit dazu?
   d) Wann?

5. Wiederhole Schritt 3 und 4, bis alle Widerstände aufgelöst sind und sich der unterstützende Glaubenssatz
   stimmig und gut für dich anfühlt.

NLP

Im Kapitel 3 (»Spielhelfer«) dieses Buches bin ich bereits
auf den Punkt »natürliche« Anker eingegangen. Zwei von
ihnen (ein starkes »Nein« und ein starkes »Ja«) wirst du
gleich verwenden, um einen einschränkenden Glaubenssatz
aufzulösen und einen unterstützenden zu installieren.

Hierzu bedarf es einer kleinen Vorübung[1]:

☺ ✐

1. Erinnere dich an eine Situation, in der du innerlich oder
   auch laut aus ganzem Herzen »Nein danke!« zu etwas
   oder zu irgendjemand gesagt hast.
   Dieses »Nein danke!« sollte ein gutes, starkes »Nein

---

1 Eine EFT-Version dieser Übung findest du in meinem Newsletter 1/2007
unter *www.eft4all.de*.

danke« gewesen sein. Auch wenn du nein sagtest, war doch eine Akzeptanz für dasjenige oder denjenigen vorhanden. (Wenn du jetzt keine passende Situation findest, dann stell dir eine vor, in der ein solches »Nein danke« passend wäre.)

2. Gehe jetzt in diese »Nein-danke«-Situation, und wenn du sie mit all deinen Sinnen neu erlebst, dann sage am intensivsten Punkt laut mit fester starker Stimme und Physiologie: »Nein danke!!!«

3. Wiederhole Schritt 2 noch zweimal.

4. Erinnere dich nun an eine Situation, als du mit ganzem Herzen »Ja!« zu etwas oder jemand gesagt hast und dich dabei fantastisch und stark gefühlt hast.

5. Gehe jetzt in diese »Ja«-Situation, und wenn du sie mit all deinen Sinnen neu erlebst, dann sage am intensivsten Punkt laut mit fester starker Stimme und Physiologie: »Ja!!!«
   Du kannst auch gerne dabei aufstehen und deine Faust ballen.

6. Wiederhole auch Schritt 5 noch zweimal.

Diese Vorbereitung musst du nur ein einziges Mal durchführen. »Nein danke« und »Ja!« sollten dadurch gut verankert sein. Und nun zur eigentlichen Übung:

1. Notiere den EGS, den du identifiziert hast:
   »Ich verdiene es *nicht*, ... (hier dein Ziel eintragen).«
   (»Ich verdiene es *nicht*, eine liebevolle und harmonische Partnerschaft zu führen.«)

2. Formuliere einen gegensätzlichen UGS:
   »Ich verdiene es ... (hier dein Ziel eintragen).«
   (»Ich verdiene es, eine liebevolle und harmonische Partnerschaft zu führen.«)

3. Notiere auch, wie stimmig sich EGS und UGS anfühlen.

Verwende dazu eine Skala von 0 bis 10 (0 = null Stimmigkeit, 10 = absolute Stimmigkeit):
EGS: ... UGS: ...

4. Sprich nun 6-mal deinen EGS aus, jeweils gefolgt von deinem »Nein danke«:
»Ich verdiene es *nicht*, ... (hier dein Ziel eintragen). *Nein danke!*«
(»Ich verdiene es *nicht*, eine liebevolle und harmonische Partnerschaft zu führen. *Nein danke!*«)

5. Sprich 6-mal deinen UGS aus, jeweils gefolgt von deinem »Ja!!!«:
»Ich verdiene es, ... (hier dein Ziel eintragen). *Ja!!!*«
(»Ich verdiene es, eine liebevolle und harmonische Partnerschaft zu führen. *Ja!!!*«)

6. Sprich abwechselnd deinen EGS, gefolgt von deinem »Nein danke«, und deinen UGS, gefolgt von deinem »Ja!!!«, aus:
»Ich verdiene es *nicht*, ... (hier dein Ziel eintragen). *Nein danke!*«
(»Ich verdiene es *nicht*, eine liebevolle und harmonische Partnerschaft zu führen. *Nein danke!*«)
»Ich verdiene es, ... (hier dein Ziel eintragen). *Ja!!!*«
(»Ich verdiene es, eine liebevolle und harmonische Partnerschaft zu führen. *Ja!!!*«)
Wiederhole dies insgesamt 3-mal.

7. Wiederhole die Schritte 3–6, bis EGS = 0 und UGS bei 8 oder mehr ist.

Wichtig bei diesem Vorgehen sind deine Stimme, Atmung, Mimik und Physiologie. Diese sollten dein »Nein danke!« und »Ja!!!« widerspiegeln. Und vor allem solltest du Spaß dabei haben.

Verdienen

Bevor ich dieses Kapitel beende, noch ein paar Gedanken, Anmerkungen und Ergänzungen zum Thema »Verdienen« oder besser zum Thema: »Ich verdiene es nicht, ...«

»Ich verdiene es *nicht*, reich zu sein.«
»Ich verdiene es *nicht*, gesund zu sein.«
»Ich verdiene es *nicht*, eine wunderschöne Beziehung zu führen.«
»Ich verdiene es *nicht*, glücklich zu sein.«
»Ich verdiene es *nicht*, zu leben.«

Sollte solch ein negativer Glaubenssatz, insbesondere dein Ziel betreffend, bei dir aktiv sein, so hast du, wie schon bemerkt, schlechte Karten.

Was kannst du nun tun, um herauszufinden, ob dies der Fall ist?

Sprich hierzu jeden der folgenden Sätze jeweils ein- oder zweimal laut aus und achte danach auf aufkommende Reaktionen. Wie fühlt es sich an? Gibt es Widerstände?

Löse diese gleich mit deiner Lieblingsmethode, was Glaubenssätze betrifft, auf, bis sich die Aussage stimmig und gut für dich anfühlt.

»Ich verdiene es, zu leben.«
»Ich verdiene es, reich zu sein.«
»Ich verdiene es, vollkommen gesund zu sein.«
»Ich verdiene es, wundervolle Beziehungen zu führen.«
»Ich verdiene es, glücklich zu sein.«
»Ich verdiene es, ... (hier dein Ziel eintragen).«

Vielleicht kann dir auch die folgende Überlegungen beim »Verdienen« helfen:

Du bist der Schöpfer deines Universums!!!

Du weißt es ja schon: Alles in deinem Universum erschaffst du.

Alles ist Energie, alles ist mit allem verbunden, du bist mit allem verbunden, alles bist du, und du bist alles.

Glaubst du nicht, dass dieser Schöpfer, also du, alles Gute verdient hat und somit auch Reichtum, Gesundheit und Glück?

Oder nehmen wir einmal an, du glaubst an ein höheres Wesen, eine höhere Instanz, und nennen wir diese Gott. Glaubst du, dass dieser Gott alles Gute verdient? Und sind wir nicht ein Teil von ihm, gibt es in uns nicht etwas Göttliches, und würde nicht auch Gott sagen: Du verdienst alles Gute!?

Tu ihm doch diesen Gefallen. ☺

Oder sieh es einmal so. Bei einer Befruchtung werden etwa 200- bis 300 *Millionen* Samenzellen auf die Reise geschickt. 200 bis 300 davon erreichen die Nähe des Eies[1] und hiervon meistens nur eine wiederum das Ziel.

Du hast dich also durchgesetzt, gegen Millionen und Abermillionen von Konkurrenten. Du wolltest unbedingt leben.

Glaubst du nicht auch, dass du als einer oder eine aus Millionen es verdient hast, zu leben und reich, gesund und glücklich zu sein?

Wenn du glaubst, dass du es verdienst, und glaubst, dass es möglich ist, gewürzt mit etwas Vertrauen, Zuversicht, Freude und Dankbarkeit, dann wird sich auch dein Her-

---

1 Zahlen von: *www.pm-magazin.de/de/heftartikel/artikel_id722.htm*

zensziel mit großer Wahrscheinlichkeit zum perfekten Zeitpunkt, so oder besser und zum Wohle aller manifestieren.

7. Die fünf Spielbereiche

»Die Quelle alles Guten liegt im Spiel.«
Friedrich Fröbel

In diesem Abschnitt des Spiels gehe ich etwas spezifischer auf die fünf Spielbereiche ein. Hier findest du auch Vorschläge für mögliche Affirmationen. Sie stehen hier sozusagen in der Rohversion, die du auf deine Belange zuschneiden kannst.

LOA und Gesundheit

»Gesundheit und Fröhlichkeit
erzeugen sich gegenseitig.«
Joseph Addison

Grundvoraussetzung für eine gute Ausgangsschwingung ist, dass du dich wohl fühlst in deinem Körper, in emotionaler wie auch physischer Hinsicht. Ich persönlich bin der Meinung, dass jede Erkrankung *emotionale Ursachen* hat. Diese lösen nicht nur die körperlichen Beschwerden oder Erkrankungen aus, sie behindern oder blockieren auch die Heilung. Ein Schlüssel zur Gesundung besteht darin, diese emotionalen Wurzeln aufzulösen, um unsere wundervollen Selbstheilungskräfte zu befreien und ihren Dienst verrichten zu lassen.

Sicherlich hast auch du dich mal geschnitten oder verbrannt, hattest blaue Flecken, Beulen oder eine Erkältung? Und ist nicht alles wieder geheilt, auch wenn vielleicht manchmal eine Narbe zurückblieb?

Du bist geboren, um gesund zu sein und um zu heilen!

Darauf ist unser »Betriebssystem« eingestellt. Emotionale Verletzungen können jedoch, ähnlich wie Viren, diese Programmierung stören, blockieren oder gar zum Absturz bringen.

Mit den Spielhelfern (Kap. 3) haben wir jedoch effektive Möglichkeiten, diese »Viren« zu beseitigen, was zur Folge haben wird, dass unser »Betriebssystem« wieder einwandfrei funktioniert.

Gary H. Craig, der Entwickler der Emotional Freedom Techniques (EFT), zeigt sehr beeindruckend auf seinen neusten DVDs, wie die Auflösung emotionaler Ursachen sich positiv auswirken kann, selbst auf die schwersten Erkrankungen. Dabei lässt er seine Klienten eine Liste erstellen mit den belastendsten Erfahrungen ihres Lebens. Diese werden dann nach und nach mithilfe von EFT aufgelöst, was fast immer zu einer Linderung der Symptomatik und nicht selten zu einer vollständigen Genesung führt.

Eine Heilung erfahren insbesondere die, die auch zu Hause weiter an diesen *emotionalen Verletzungen* arbeiten, oft mithilfe eines EFT-Coaches oder -Therapeuten. Die Parole hier lautet: Dranbleiben!

Diese Vorgehensweise möchte ich auch dir empfehlen, insbesondere wenn du an einer ernsthaften oder chronischen Erkrankung leidest, gleich ob diese nun psychischer oder körperlicher Natur ist. Selbst wenn du vollkommen gesund bist, wirst du davon profitieren, indem du dein »Gesundheitsprogramm« stärkst. Verwende zur Auflösung die Methode deiner Wahl und wende dich insbesondere, wenn es sich um traumatische Erfahrungen handelt, an einen erfahrenen Spezialisten, der mit den Methoden der Energetischen Psychologie arbeitet.

Stress ist ebenfalls ein Virus, der dein Betriebssystem »Gesundheit und Heilung« stört. Löst du diesen immer wieder mit den Spielhelfern auf, so entziehst du damit vielen Beschwerden und Erkrankungen die Grundlage.

Fehlende Selbstliebe und Dankbarkeit sind ein weiterer Faktor. Bedanke dich immer wieder bei deinem Körper, deinen Muskeln, deiner Haut, deinen Organen und deinen Knochen für die wundervolle Arbeit, die sie leisten.

Beginne auch damit, dich und deinen Körper zu lieben. Hast du damit Probleme, so kann dir der folgende kleine Umweg dazu verhelfen. Eine ähnliche Vorgehensweise findest du ebenfalls auf den neueren DVDs von Gary Craig[1].

 Titel 10: Liebe ausstrahlen

Gibt es jemanden, dem du gerne bedingungslose Liebe senden würdest?

Denke jetzt an diese Person und fühle, wie diese Liebe in dir entsteht und sich ausbreitet.

Bist du ganz erfüllt mit dieser Liebe, dann strahle sie aus in Richtung dieser Person, solange du möchtest.

Beende dieses Vorgehen mit dem Gefühl der Dankbarkeit.

---

1 *www.emofree.com*

Tue dies täglich einige Male, und du wirst überrascht sein, wie positiv sich dies auf dein Befinden auswirkt.

Mache zusätzlich noch eine Liste mit den Dingen, die du an dir liebst, und ergänze diese täglich.

Richte deine *Aufmerksamkeit* auf Gesundheit. Tue täglich Dinge, die dich gesund fühlen lassen, die dir Spaß machen und dich zum Lachen bringen. Sieh in dir selbst vollkommene Gesundheit, eine Energie, ein Licht, das an Intensität gewinnt, je mehr du es erkennst. Sieh dich vollkommen gesund bei Dingen, die dir wirklich Freude bereiten.

Glaube fest an deine Selbstheilungskräfte. Studien zum Placebo-Effekt zeigen, wie sehr der Einfluss des Glaubens an eine Genesung diese unterstützt. Mittlerweile werden schon Placebo-Operationen durchgeführt, und das mit großem Erfolg.

Bewege dich so viel wie möglich und signalisiere dadurch: Es geht mir gut! Finde eine sportliche Betätigung, die dir Spaß macht, dein Energiesystem stärkt und vielleicht auch noch deinen Freundeskreis erweitert. Doch nicht nur das. Untersuchungen und Experimente lassen darauf schließen, dass regelmäßige freiwillige Bewegung (Walken, Laufen, Schwimmen usw.) und auch soziale Aktivitäten ursächlich für die Bildung neuer Gehirnzellen sind. Wir alle haben ein fantastisches Gehirn, das selbst im fortgeschrittenen Alter noch Erneuerungs- und Plastizitätseigenschaften besitzt.[1]

Lächle und *lache* so oft wie möglich. Dies hat nicht nur zur Folge, dass Glückshormone ausgeschüttet werden (siehe dazu auch Kapitel 9 »Das ultimative Ziel – Glücklichsein«), du stärkst damit auch dein Immunsystem.

---

1 Zum Thema Neurobiologie, Neurogenese und Neuroplastizität empfehle ich das Buch *Neue Gedanken, neues Gehirn* von Sharon Begley, siehe »Quellen« im Anhang.

«Pflege» deine *Beziehungen* zu deiner Familie, deinen Freunden und Bekannten. Auch hier zeigt die Forschung, dass ein unterstützendes Umfeld die Gesundheit fördert und die Heilungschancen steigert.

Diese »Liste« erhebt selbstverständlich keinen Anspruch auf Vollständigkeit. Gesunde Ernährung, unterstützende Atemtechniken, um den Sauerstoffvorrat zu erhöhen, und das Weglassen von Suchtmitteln sind beispielsweise weitere die Gesundheit unterstützende Maßnahmen. Zusätzliche Anregungen findest du natürlich auch in meinem EFT-Buch.

Hinweis: Auch wenn viele der in diesem Buch vorgestellten Methoden, Übungen und Anregungen den Heilungsverlauf unterstützen, ja Heilung vielleicht erst möglich machen, so sollten sie primär präventiv oder auch parallel zu einer notwendigen schulmedizinischen bzw. therapeutischen Maßnahme eingesetzt werden.

Affirmationen zum Thema Gesundheit

Ich strahle vollkommene Gesundheit aus.
Ich bin ein Beispiel für strahlende Gesundheit.
Ich habe vollstes Vertrauen in meinen Körper.
Ich schlafe wunderbar ein und durch und wache jeden Morgen erfrischt auf.
Ich bin/fühle mich vital, gesund, fit und glücklich.
Ich bin/fühle mich leicht und beschwingt.
Ich bin/fühle mich ruhig und gelassen.
Ich bin voller Freude.

Ich liebe meinen Körper.

Ich bin schlank, gesund und voller Kraft.

Ich bin vollkommen gesund in jedem Bereich meines Lebens.

Das göttliche Licht in mir heilt meinen gesamten Körper, jetzt.

Es geht mir von Tag zu Tag und in jeder Hinsicht immer besser und besser.

Mein Körper funktioniert perfekt.

Ich bin geerdet, voller Energie und gesund.

Ich heile, jetzt.

Ich bin zutiefst dankbar für meine Heilung.

Ich bin vollkommen gesund und glücklich.

Mein Körper ist ein sicherer, gesunder und freudiger Platz für mich.

Ich habe mehr als genug Energie, um alle meine Ziele zu erreichen und meine Träume zu erfüllen.

Die Zellen meines ganzen Körpers sind verjüngt, und ich bin gesund und glücklich.

Mein Körper ist verjüngt, und ich bin vollkommen gesund und voller Kraft und Energie.

Verjüngen und jung bleiben

Die letzten beiden Affirmationen kannst du zur Verjüngung einsetzen. Prinzipiell gibt es eigentlich gar keinen Grund, warum wir altern und schließlich sterben. Es hat zwar einen Sinn, wenn man beispielsweise das Problem der Überbevölkerung betrachtet, jedoch spricht wissenschaftlich wenig dagegen, warum wir nicht 120, 150 oder mehr Jahre alt werden sollten, und das bei guter Gesundheit.

Unsere Zellen erneuern sich tagtäglich. Innerhalb von etwa sieben Jahren haben wir einen ganz neuen Körper. Keine einzige Zelle ist mehr da, die zuvor existierte. Interessant ist, dass wir Einfluss auf unsere Zellen haben und diesen in jeder Sekunde unseres Lebens ausüben mit unseren Gedanken und Emotionen.

Wenn wir beispielsweise glauben, dass wir altern müssen und diese Information an unsere Zellen weitergeben, werden sich diese natürlich dementsprechend entwickeln. Doch können wir diesen Prozess aufhalten bzw. rückgängig machen? Auch wenn es sehr gewagt klingt, warum nicht.

Vor einigen Jahren berichtete das Fernsehen von einer Gruppe von Menschen, die sich zum Ziel gesetzt hat, ewig zu leben. Die Bibel berichtet von Menschen, die ein wahrhaft biblisches Alter erreichten, wie beispielsweise Methusalem. Wissenschaftlich belegt sind die über 122 Jahre der Französin Jeanne Louise Calment. Im Mittelmeer existiert eine Quallenart, die praktisch unsterblich ist, weil sie sich immer wieder regeneriert. Der japanische Arzt Dr. Nobuo Shioya, geboren 1902, erfreut sich heute (August 2007) immer noch bester Gesundheit. Als sein Erfolgsrezept bezeichnet er eine einfache Atemübung, verbunden mit Visualisationen.[1]

Warum sollte es also nicht möglich sein, bei bester Gesundheit 120, 150 oder mehr Jahre alt zu werden?

Stell dir doch einmal die Frage: Wie alt möchte ich werden?

Sollte deine Antwort 100, 150, 200 oder gar noch höher sein, so solltest du auch gute Gründe dafür haben.

Welche großartigen Ziele möchtest du in dieser Zeit erreichen, welche Träume verwirklichen?

Notiere diese und zeige damit deinem Körper und dei-

---

1 Nobuo Shioya: *Die Kraft strahlender Gesundheit*, siehe »Quellen« im Anhang.

nem Universum, wie wichtig es ist, dass du gesund und jung bist und dies auch bleibst.

Visualisiere dich täglich als einen jungen, gesunden und vitalen Menschen, der Spaß an seinem Leben hat, und verwende dahingehende Affirmationen.

Lass den Glauben an Krankheit und Altern los und entscheide dich für Gesundheit und Jugend.

Die folgende Übung solltest du drei Wochen lang täglich vor dem Einschlafen durchführen. Entscheide danach, ob sie dir etwas gebracht hat und ob du sie weitermachen möchtest. Sieh es als Experiment.

CD-Titel 11: Gesundheit und Jugend

1. Wähle eine Affirmation für Jugend, Gesundheit und Vitalität.
2. Mache es dir bequem, schließe die Augen und atme ruhig und tief ein und aus.
3. Kreiere ein Bild vor deinem inneren Auge, das dich in einem jungen, gesunden Körper zeigt, erfrischt und erneuert durch tiefen, erholsamen Schlaf. Sieh dich, wie du voller Kraft und Energie den neuen Tag begrüßt. Mache dieses Bild so attraktiv wie nur möglich.
4. Steige nun ein in dieses Bild und diesen Körper.
5. Erlebe diesen Augenblick jetzt mit allen Sinnen.
6. Wie fühlst du dich in diesem Moment?
7. Sollten negative Gefühle oder Widerstände auftauchen, so hast du jetzt die Möglichkeit, diese mit den Spielhelfern (Kap. 3) aufzulösen.
8. Erlebst du jetzt wirklich dieses Gefühl von Jugend und Gesundheit, so intensiviere es. Lass es eindringen in jede Zelle deines Körpers und über diesen hinausstrahlen.

9. Bist du ganz erfüllt von diesem wunderbaren Gefühl, so sprich an dessen Höhepunkt dreimal laut deine gewählte Affirmation aus.
10. Beschließe dieses Spiel mit dem Gefühl der Dankbarkeit und kehre in deinem Tempo in deine (neue) Realität zurück.

In spätestens drei Wochen solltest du alle Widerstände und Einsprüche gegen dein Ziel aufgelöst haben und auf Schritt 7 verzichten können.

Du bist es, der alles erschafft und damit auch deinen Körper. Zellen sind intelligent und haben ein Bewusstsein. Sie reagieren auf die Informationen, die du ihnen durch deine Gedanken und Gefühle übermittelst. Die Wissenschaft zeigt, dass Genetik dabei nur eine untergeordnete Rolle spielt. Der genetische Bauplan ist bei allen Menschen fast gleich. Ob nun das eine oder andere Gen mehr oder überhaupt aktiviert ist, hängt wiederum von den Informationen ab, die es von dir erhält.

Nichts ist in Stein gemeißelt, alles ist veränderbar. Viele beeindruckende Beispiele zeigen, dass Heilung immer möglich ist. Vielleicht führt dich dein Weg zur Heilung zu einem guten und erfahrenen Heiler, der dich und deine Selbstheilungskräfte unterstützt. Untersuchungen zeigen, dass auch Fernheilung in vielen Fällen funktioniert.

Mit deiner Konzentration auf Gesundheit wirst du es schaffen, dich selbst zu heilen, oder Möglichkeiten in dein Leben ziehen, dies zu erreichen.

>>›Unheilbar‹ bedeutet ›heilbar aus deinem Innern‹.
Krankheit ist der Weg deines Körpers, dir zu sagen, dass du nicht liebst oder dankbar bist.«
Dr. John Demartini

LOA für Beruf und Finanzen

»Geld ist von fruchtbarer, erzeugender Natur. Geld kann
Geld zeugen, und der Nachwuchs zeugt noch mehr.«
Benjamin Franklin

Diese beiden Bereiche sind für viele die interessantesten.
Die meisten Stunden unseres Tages verbringt ein Großteil
von uns am Arbeitsplatz, um das nötige Geld zu erwirt-
schaften, um unsere Rechnungen zu zahlen und/oder um
uns etwas leisten zu können.

Arbeit und Beruf

Ich möchte dir einmal ein paar Fragen stellen:

Stell dir einen Menschen vor, der arbeitet. Wie sieht dieser aus? Was hat er für eine Körperhaltung? Wie atmet er?
Was ist seine Mimik?

Und jetzt nimm mal selbst diese Körperhaltung, dieselbe
Atmung und Mimik ein. Wie fühlst du dich dabei?

Das ist deine Vorstellung von Arbeit!

Allein das Wort »Arbeit« löst bei vielen Menschen negative Gefühle aus wie Schwere, Frust, Überforderung,
Angst usw., jedoch selten Spaß und Freude. Wir werden
ja schließlich dafür bezahlt, dass wir *hart* arbeiten, und
dazu gehört natürlich ein passender Gesichtsausdruck.
Je gequälter, desto besser. Das lieben unsere Vorgesetzten,
oder?

Und mal ehrlich, würdest du, wenn jeden Monat der
gleiche Betrag auf dein Konto käme, auch ohne dass du
arbeitest, weiter diesen Job ausüben? Sollte deine Antwort

hierauf ein ehrliches »Ja« sein, dann herzlichen Glückwunsch, du hast deine Berufung gefunden. Sei dankbar dafür! Wenn nicht, so kann dir LOA helfen, mehr Freude in deine jetzige Tätigkeit zu ziehen oder eine neue, erfüllende Arbeitstelle zu finden.

Das Prinzip ist immer dasselbe. Formuliere eine attraktive Affirmation, sieh dich selbst erfüllt und glücklich in (d)einem Job und löse diesbezügliche Widerstände auf. Setze LOA auch für deine Vorstellungsgespräche ein und lade deine Bewerbungen mit deinem Schöpferlicht auf.

Affirmationen zum Thema Arbeit und Beruf

Ich erhalte ein fantastisches Einkommen für das, was ich liebend gern tue.

Ich habe jetzt einen wunderbaren Job, für den ich fantastisch bezahlt werde.

Mein perfekter Job findet mich jetzt.

Was ich liebe und gern tue, wird jetzt großzügig bezahlt.

Meine Arbeit wird außerordentlich gut bezahlt, und ich bin glücklich dabei.

Ich nutze jetzt meine kreativen Fähigkeiten und werde dafür fürstlich entlohnt.

Ich vertraue dem Universum, mich mit meinem perfekten Job zu verbinden.

Ich bin jetzt eine glückliche und erfolgreiche Geschäftsfrau.

Ich bin jetzt ein glücklicher und erfolgreicher Geschäftsmann.

Ich erschaffe jetzt den Arbeitsplatz meiner Träume.

Meine ideale Karriere eröffnet sich mir jetzt.

>»Wähle einen Beruf, den du liebst, und du brauchst
>keinen Tag in deinem Leben mehr zu arbeiten.«
>*Konfuzius*

Finanzen und Geld

Wer von uns hat nicht den Wunsch, einmal so richtig reich
zu sein, sich einfach alles leisten zu können, was man möchte. Stell dir einmal vor, du wärst ein Millionär. Wie fühlt
sich dies an? Und was bedeutet finanzieller Reichtum für
dich? Sicherheit, Freiheit oder Ansehen? Oft sind es genau
diese Werte bzw. positiven Gefühlszustände, die wir mit
Wohlstand verbinden und anstreben. Geld ist dabei eher
das Mittel zum Zweck.

Kritisch wird es vor allen Dingen dann, wenn du finanziellen Reichtum mit negativen Emotionen, Vorstellungen
oder Glaubenssätzen verbindest. Du kannst dir wohl denken, wie schwierig es sein wird, viel Geld in dein Leben zu
ziehen, wenn Wohlstand Gefühle wie Angst und Unsicherheit bei dir auslöst oder du Glaubenssätze hast wie:

»Geld ist die Wurzel allen Übels!«

»Eher kommt ein Kamel durch ein Nadelöhr als ein Rei-
cher in den Himmel!«

»Geld verdirbt den Charakter!«

»Reiche Menschen sind gierig und geizig!«

»Es ist nicht genug Geld da!«

»Wenn ich viel Geld verdienen will, muss ich sehr hart
arbeiten!«

Diese oder ähnliche einschränkenden Emotionen und
Glaubenssätze solltest du auflösen und durch unterstützende ersetzen, bevor du mit Affirmationen oder Visualisationen dein Ziel ansteuerst, ein Magnet für Geld zu sein.

Werde dir ebenfalls bewusst, dass Geld auch nur Energie ist, dass du mit viel Geld mehr Gutes tun kannst als mit wenig und dass mehr als genug Geld vorhanden ist und du damit verbunden bist.

Doch sollte Geld überhaupt ein Ziel sein? Hierzu gibt es unterschiedliche Meinungen und Ansätze.

Jack Canfield, der Autor von *Hühnersuppe für die Seele*, berichtet in dem Film *The Secret – Das Geheimnis* von seiner Anwendung des LOA auf das Thema Geld. Vor einigen Jahren nahm er einen 1-Dollar-Schein und hängte an die »1« mit einem Stift noch fünf Nullen. Diese 100 000 Dollar waren sein Ziel für dieses Jahr. Den 100 000-Dollar-Schein befestigte er an der Decke über seinem Bett, sodass er ihn vor dem Einschlafen und direkt nach dem Aufwachen immer im Blick hatte. In den nächsten Wochen und Monaten zog er daraufhin immer wieder Dinge und Personen an, die ihn schließlich fast an sein Ziel brachten. Es fehlten nur noch ein paar tausend Dollar.

Daraufhin erhöhte er den Betrag auf eine Million Dollar und erreichte auch diesen.

Eine andere Möglichkeit wäre, sich auf das zu konzentrieren, was du dir im Endeffekt kaufen würdest, wenn du reich wärst. Diese Variante ziehe ich vor, da sie das Kriterium »Endresultat« beinhaltet. Sollte dies beispielsweise ein tolles neues Auto sein, so liegt der Fokus auf dem Auto und nicht auf dem Geld, das du vielleicht dazu benötigst. Wenn hingegen Geld der Kernpunkt ist, so schließt du damit andere Möglichkeiten aus. Du beschränkst dich. Du könntest ja dieses Auto auch gewinnen, geschenkt bekommen oder durch eine Dienstleistung deinerseits erhalten.

Stell dir also vor, du würdest im Lotto gewinnen, sagen wir mal eine Million Euro. Welchen Traum würdest du dir dann erfüllen? Eine Weltreise, ein neues Auto, ein Haus, ein Boot? Nimm diesen Traum als dein Ziel, formuliere dieses so, als ob du es schon hättest, löse eventuelle Widerstände auf, affirmiere, visualisiere, fühle es und sei dankbar dafür. Allein das Universum ist dafür verantwortlich, *wie* sich dein Wunsch schließlich erfüllt.

Im Prinzip hängt es auch von deinem Ziel ab, welche der beiden Varianten du wählst. Sollte dein Bankkonto ein hohes Minus ausweisen, so ist es natürlich sinnvoll, einen hohen Geldbetrag oder auch ein hohes Plus auf diesem Konto als Ziel zu wählen oder dir vorzustellen, wie du all deine Rechnungen aus der Fülle heraus mit Freude und Dankbarkeit begleichst. Auf diesen wichtigen Punkt gehe ich im Kapitel 8, »Die Kraft des Gebens«, ausführlich ein. Wenn du möchtest, kannst du jetzt einmal kurz dahin »springen«, bevor du hier weiterliest.

Wenn du Geld in dein Leben ziehen möchtest, solltest du positive Gefühle damit verbinden. Nimm einmal den höchsten Geldschein, den du besitzt, in die Hand, sieh ihn an, fühle ihn und rieche ihn. Welche Emotionen löst dies bei dir aus? Positive oder eher negative?

Und stell dir jetzt vor, dieser Geldschein repräsentiert eine Summe von 5000, 10 000, 50 000, 100 000, 500 000, 1 000 000 und noch mehr Euro. Wie fühlt sich dies jeweils an, oder ab welcher Summe gibt es einen Wechsel von positiv zu negativ?

Mit den Spielhelfern (Kap. 3) hast du die Möglichkeit, deine Widerstände gegen Geld aufzulösen bzw. positive Gefühle diesbezüglich zu stärken. Jeder Betrag, so hoch er auch sei, sollte sich gut anfühlen. Dies wird deine Geld-Anziehungsenergie befreien und erhöhen.

Gedanken und Gefühle wie »Ich kann mir das nicht leisten« oder »Das ist zu teuer« können deinen Geldfluss stark blockieren. Sie bedingen eine Schwingung von Mangel, und diesen wirst du schließlich auch anziehen.

Entscheide dich für eine Geisteshaltung wie:

Ich bin reich!

Ich habe Geld im Überfluss!

Ich kann mir alles leisten!

Egal, wie viel ich ausgebe, dieses Geld und mehr fließt wieder zu mir zurück!

Erkenne den Reichtum in deinem Leben und schenke diesem mehr Aufmerksamkeit. Reichtum ist *nicht* nur eine Frage des Geldes und Besitzes. Worin bist du reich? Mache eine Liste, ergänze diese täglich und sei dankbar dafür.

Zeige dem Universum, dass du wertvoll bist und in finanzieller Fülle lebst. Das Stichwort lautet: *Extravaganz.*

Ein- bis zweimal die Woche solltest du dir etwas Extravagantes gönnen. Und dies muss nicht teuer sein. Wie wäre es mit einer schönen Massage? Einer sehr guten Flasche Sekt (besser als billiger Champagner) oder Wein? Einem Essen in einem sehr guten Restaurant? Einer Erster-Klasse-Zugfahrt? Einem Spitzenparfüm? Spitzenplätzen im Kino, Theater oder Konzert? Usw.

Notiere jetzt extravagante Dinge, die du dir in den nächsten Wochen gönnen wirst:

… … …

Diese Dinge solltest du dann natürlich mit viel Freude, Dankbarkeit und dem Gefühl »Ich kann mir das locker leisten!« kaufen bzw. tun. Sieh *alle* Ausgaben als Investitionen, die du mit hohem Gewinn tätigst. Das macht es einfacher.

Du kannst auch gerne diesbezüglich ein »Extravaganz-Konto« eröffnen, in das du jede Woche einen bestimmten

Betrag einzahlst. Oder wie wäre es mit einem »Extravaganz-Sparschwein«?

Wenn du Geld erhältst, zahle *dich*, wenn möglich, immer zuerst aus, einen zweiten kleinen Teil davon für »Extravaganz« und Teil drei für deine Verbindlichkeiten. Damit zeigst du dem Universum, wie wichtig und wertvoll du für dich bist.

Visualisiere, wie du dir die Dinge kaufst, die du dir wünschst. Wenn du in der Realität etwas siehst, das dir gefällt, ob nun im Schaufenster, Fernsehen oder Magazin, sage leise oder laut: »Ich kann mir das leisten«, und lass es los. Du weißt, das Geld dafür ist da bzw. auf dem Weg zu dir.

Bevor deine Geisteshaltung nicht *hundertprozentig* auf Fülle und Reichtum eingestellt ist, solltest du keine Käufe tätigen, die dein Konto überlasten oder gar sprengen. Beginne mit kleinen Sachen (Extravaganz) und zahle diese mit Freude und Dankbarkeit. Der Geldrückfluss wird nicht lange auf sich warten lassen, was diese Geisteshaltung stärken wird.

Passives Einkommen

Diese zwei Wörter sollten für dich zum Mantra werden. Meist verwenden wir den Begriff »passives Einkommen« in Verbindung mit Erträgen aus Kapitalanlagen. Für mich gehören Buchtantiemen und Einkünfte, die ich beispielsweise mit dem Verkauf von Skripten verdiene, ebenfalls dazu. Auch du hast Möglichkeiten dieser Art. Richte deine Aufmerksamkeit auf »passives Einkommen«, mache LOA damit, und diese Einkünfte werden sich dir eröffnen.

Affirmationen zum Thema Finanzen und Geld

Ich bin ein Geldmagnet, und Geld kommt leicht und dauerhaft zu mir.

Ich erhalte dauerhaft und leicht ... Euro netto im Monat/ Jahr.

Wundervolle und einträgliche Möglichkeiten für passives Einkommen erschließen sich mir jetzt.

Mein passives Einkommen deckt alle meine Ausgaben und mehr.

Geld fließt stetig und leicht zu mir, und ich bin dankbar und glücklich.

Ich habe immer mehr als genug Geld für alle meine Bedürfnisse.

Ich gebe Geld weise aus und genieße meine finanzielle Freiheit.

Ich lebe in einem reichen Universum, und es gibt genug für alle.

Es ist gut, reich zu sein.

Ich liebe meine finanzielle Freiheit.

Ich verdiene es, reich zu sein, und akzeptiere dies jetzt.

Ich gehe weise mit meinem Reichtum um, zum Wohle aller.

Das Universum möchte, dass ich in Fülle lebe, und ich sage: Ja!

Geld ist positiv, Geld ist mein Freund.

Ich lebe jetzt in einem Universum voller Fülle und Reichtum.

Ich genieße meinen finanziellen Erfolg und bin dankbar und glücklich.

Alle meine Vorhaben sind gesegnet mit Erfolg, Reichtum, Gesundheit und Glück.

Alles, was ich anfasse, wird zu Gold.

Ich bin immer zur richtigen Zeit am richtigen Ort.

Ich erlaube Reichtum in jedem Bereich meines Lebens.

Bevor wir zum nächsten Spielbereich kommen, empfehle ich dir die folgende Übung, die du drei Wochen lang täglich vor dem Einschlafen und/oder nach dem Aufwachen durchführen solltest. Entscheide danach, ob sie dir etwas gebracht hat und ob du sie weitermachen möchtest. Sieh es als Experiment.

CD-Titel 12: Geld und Finanzen

1. Wähle eine Affirmation bezüglich Finanzen und Geld.
2. Mache es dir bequem, schließe die Augen und atme ruhig und tief ein und aus.
3. Kreiere ein Bild vor deinem inneren Auge, das dich als einen wohlhabenden, reichen und glücklichen Menschen zeigt, umgeben von all den Dingen, die du dir jetzt leisten kannst. Mache dieses Bild so attraktiv wie nur möglich.
4. Steige nun ein in dieses Bild und in diese Realität.
5. Erlebe diesen Augenblick jetzt mit allen Sinnen.
6. Wie fühlst du dich in diesem Moment?
7. Sollten negative Gefühle oder Widerstände auftauchen, so hast du jetzt die Möglichkeit, diese mit den Spielhelfern (Kap. 3) aufzulösen.
8. Erlebst du jetzt wirklich dieses Gefühl von Reichtum, Wohlstand und Glück, so intensiviere es. Lass es eindringen in jede Zelle deines Körpers und über diesen hinausstrahlen.
9. Bist du ganz erfüllt von diesem wunderbaren Gefühl, so sprich an dessen Höhepunkt dreimal laut deine gewählte Affirmation aus.
10. Beschließe dieses Spiel mit dem Gefühl der Dankbarkeit und kehre in deinem Tempo in deine (neue) Realität zurück.

In spätestens drei Wochen solltest du alle Widerstände und Einsprüche gegen dein finanzielles Ziel aufgelöst haben und auf Schritt 7 verzichten können.

LOA für Beziehung und Partnerschaft

>»Die liebevolle Beziehung zu dem anderen
>soll etwas von uns Entferntes sein? Nein, wenn ich sie
>erstrebe, dann erreiche ich sie.«
>*Konfuzius*

Beziehung ist ein zentraler Bereich in unserem Leben. Normalerweise wird dieser Begriff verwendet, um unsere Verbindung und Kommunikation zu anderen Menschen zu beschreiben. Auf Familie, Partner, Freunde und Bekannte wird hierbei die primäre Aufmerksamkeit gerichtet. Doch Beziehung ist viel mehr. Wie steht es beispielsweise um deine Beziehung zu

- dir selbst?
- deinem Körper?
- Geld?
- Gott?
- Tieren und Pflanzen?
- Religion?
- deiner Arbeit?
- deinem Universum?
- Dingen?
- Usw.

Eine gute Beziehung zu dem, was du dir wünschst, stärkt nicht nur die betreffende Verbindung, sie unterstützt auch das »Be-ziehen« bzw. Erhalten.

Im Folgenden werde ich mich zwar auf den zwischenmenschlichen Aspekt beschränken, eine gute Beziehung zu deinen Zielen ist jedoch in jedem Bereich essenziell.

Jede einzelne Beziehung und jede Interaktion mit anderen ist ein Spiegelbild dessen, was du in deinem Innersten über dich selber denkst und fühlst. Das Außen spiegelt das Innen. Das Innen bedingt das Außen. Änderst du deine Gedanken und Gefühle dir selbst gegenüber, so hat dies immer auch Veränderungen in deinem Beziehungsumfeld zur Folge. Dies ist der einzige Weg, der zu positiven Veränderungen führen kann und dich aus der Opferrolle herausholt. Wenn du also mit deiner Partnerschaft unzufrieden bist oder dein Partner dich nicht gut behandelt, so spiegelt dieser dir lediglich, wie du selbst mit dir umgehst.

Hast du dich schon einmal über deinen Partner, einen Freund oder ein Familienmitglied beklagt? Das nächste Mal weißt du, die jeweilige Person bist (auch) du!

Der erste Schritt zur Verbesserung liegt in genau dieser Erkenntnis. Sei der jeweiligen Person dankbar dafür, dass sie dir zeigt, wo in deinem Umgang mit dir selbst Handlungsbedarf besteht. Dies ist der zweite Schritt. Handle (Schritt drei), indem du das, was du dir von deinem Partner wünschst, in dir selbst entdeckst, deine Aufmerksamkeit darauf richtest und mit deinen Gedanken und Gefühlen aufblühen lässt.

☺ ✎

Eine wunderbare zusätzliche Methode, eine partnerschaftliche Beziehung zu verbessern, ist folgende:

Nimm ein Blatt Papier und unterteile dies mit einer senkrechten Linie in zwei Teile. In die linke Spalte schreibst du fünf Dinge, für die du deinem Partner dankbar bist, die du an ihm schätzt und liebst. Dein Partner tut das Gleiche in der rechten Spalte.

Eure Aufgabe ist es nun, diese Liste täglich um mindestens einen Punkt zu ergänzen. Hängt am besten dieses Blatt an eine Pinnwand oder auch an euren Kühlschrank, und lasst euch überraschen, wie positiv dieses Vorgehen sich auf eure Partnerschaft auswirken wird.

LOA lässt sich nicht nur wunderbar zur Verbesserung deiner Partnerschaft einsetzen, es kann dir ebenfalls dabei helfen, den richtigen Partner in dein Leben zu ziehen. Dies hängt in erster Linie von deiner Bereitschaft ab. Bereit zu sein für eine liebevolle, harmonische, glückliche und vertrauensvolle Beziehung bedeutet vor allem:

· Widerstände, die dieses Ziel betreffen, loszulassen
· sich selbst zu lieben
· in Harmonie mit sich selbst zu sein
· die eigene Vollkommenheit anzuerkennen
· ein starkes Vertrauen zu sich selbst zu haben
· die Verantwortung für sich selbst zu übernehmen
· sich selbst glücklich zu fühlen
· Menschen zu lieben und ihre wunderbaren Eigenschaften zu suchen und zu erkennen
· dem anderen zu erlauben, sich selbst um sein eigenes Glück zu kümmern

Enge dich in der Wahl deines Partners nicht durch zu viele Details ein. Beschränke dich auf die wenigen, die dir wirklich, wirklich wichtig sind. Glück, Liebe und Harmonie sind zuallerletzt von Haarfarbe, Größe, Alter, Einkommen usw. abhängig. Vertraue darauf, dass du den perfekten Menschen, dein Ziel betreffend, in dein Leben ziehst.

Scheidungen und Trennungen sind ebenfalls Bestandteile unseres Lebens, und auch hierbei kann dir das Gesetz der Anziehung helfen. Visualisiere das optimale Endresultat und verabschiede deinen Lebensabschnittspartner in tiefer Dankbarkeit. Er/sie ist es, der/die dir nun den Raum gibt für eine neue, glücklichere Beziehung.

Affirmationen für Beziehungen und Partnerschaft

Ich bin liebenswert.
Ich bin eine liebenswerte Person.
Ich strahle Licht, Wärme und Liebe aus.
Ich ziehe liebevolle Beziehungen in mein Leben.
Ich liebe mich selbst und andere.
Ich bin jetzt bereit für eine liebevolle, harmonische und glückliche Partnerschaft.
Ich bin attraktiv.
Ich sehe das Wunderschöne in mir und in jedem Menschen.
Ich liebe es, Menschen kennenzulernen.
Ich gehe offen und mit Freude auf Menschen zu.
Ich bin in Harmonie mit mir selbst und voller Vertrauen.
Ich bin vollkommen, so wie ich bin.
Ich bin zur richtigen Zeit am richtigen Ort.
Ich lasse mir, wie auch anderen, Raum zur Entfaltung.
Ich bin in Frieden mit mir selbst und jedem, den ich treffe.
Ich genieße die Anwesenheit von anderen.

Bevor wir wiederum zum nächsten Spielbereich kommen, empfehle ich dir die folgende Übung, die du drei Wochen lang täglich vor dem Einschlafen durchführen solltest. Entscheide danach, ob sie dir etwas gebracht hat und ob du sie weitermachen möchtest. Sieh es als Experiment.

☺ 💿 CD-Titel 13: Partnerschaft und Beziehungen

1. Wähle eine Affirmation bezüglich Beziehung und Partnerschaft.
2. Mache es dir bequem, schließe die Augen und atme ruhig und tief ein und aus.
3. Kreiere ein Bild vor deinem inneren Auge, das dich in

einer liebevollen, harmonischen, glücklichen und auch sexuell erfüllenden Partnerschaft zeigt. Mache dieses Bild so attraktiv wie nur möglich.

4. Steige nun ein in dieses Bild und in diese Realität.
5. Erlebe diesen Augenblick jetzt mit allen Sinnen.
6. Wie fühlst du dich in diesem Moment?
7. Sollten negative Gefühle oder Widerstände auftauchen, so hast du jetzt die Möglichkeit, diese mit den Spielhelfern (Kap. 3) aufzulösen.
8. Erlebst du jetzt wirklich dieses Gefühl von Glück, Liebe, Harmonie und sexueller Erfüllung, so intensiviere es. Lass es eindringen in jede Zelle deines Körpers und über diesen hinausstrahlen.
9. Bist du ganz erfüllt von diesem wunderbaren Gefühl, so sprich an dessen Höhepunkt dreimal laut deine gewählte Affirmation aus.
10. Beschließe dieses Spiel mit dem Gefühl der Dankbarkeit und kehre in deinem Tempo in deine (neue) Realität zurück.

In spätestens drei Wochen solltest du alle Widerstände und Einsprüche gegen dein Ziel aufgelöst haben und auf Schritt 7 verzichten können.

LOA für Wissen und Lernen

»Der Dummkopf beschäftigt sich mit der Vergangenheit, der Narr mit der Zukunft, der Weise mit der Gegenwart.«
Nicolas Chamfort

Mal abgesehen von den Dingen, die wir wirklich lernen wollen, »zwingen« uns die rasante technische Entwicklung und die Zunahme an Informationen in unserem Beruf zu lebenslangem Lernen. Wenn man davon ausgeht, dass sich das Wissen bzw. die Gesamtheit aller Informationen auf unserem Planeten innerhalb von wenigen Jahren verdoppelt, so ist es nur natürlich, dass wir uns von dieser Informationsflut oft überfordert fühlen. Schnelllese- und -lerntechniken erfreuen sich deshalb auch immer größerer Beliebtheit.

Was bedeutet für dich Lernen? Ist es etwas, das du mit Mühe und harter Arbeit oder eher mit Freude und Neugierde verbindest?

Sicherlich kennst du auch Bereiche, in denen dir das Lernen sehr leicht fällt. Wahrscheinlich sind dies Themen, die dich »brennend« interessieren und die Neugierde und Spaß in dir wecken. Es zeigt dir jedoch in erster Linie, dass du die Fähigkeit besitzt, etwas spielend zu lernen. Diese ist in manchen Bereichen nur durch deine eigenen inneren Widerstände oder gar Blockaden eingeschränkt.

Mit den Spielhelfern (Kap. 3) hast du die Möglichkeit, diese Einschränkungen aufzulösen und Raum für schnelles und effektives Lernen zu schaffen. Geeignete Affirmationen und Visualisationen unterstützen dabei noch zusätzlich den Prozess.

Wenn wir davon ausgehen, dass wir Teil eines gigantischen Quantenfeldes sind, so gilt dies gleichermaßen auch für Informationen und Wissen. Stell dir einmal ein Informationsnetz vor, das zigmillionen Mal größer ist als das Internet. Dieses Netz beinhaltet das gesamte Wissen, jede einzelne Information unseres Universums unabhängig von Zeit und Raum.

Und jetzt stell dir einmal vor, du hättest Zugang zu diesem universalen Netz, und das hast du.

Im Laufe der Geschichte wurden immer wieder gleiche Erfindungen und Errungenschaften unabhängig voneinander und auch auf verschiedenen Kontinenten gemacht. Ist hierfür nicht ein solches allumfassendes Wissensfeld Bedingung? Stammen nicht vielleicht sogar viele unserer Erkenntnisse und kreativen Ideen aus diesem Netz und nicht von uns selbst? Und ist das *Star-Wars-* oder auch *Star-Trek*-Universum wirklich nur Fantasie oder unsere zukünftige Realität? War nicht ein Autor wie Jules Verne mit diesem Feld verbunden, als er Bücher schrieb wie *Die Reise zum Mond* oder *20 000 Meilen unter dem Meer?*

Oder Leonardo da Vinci. Vor über 500 Jahren, als es noch keine technischen Voraussetzungen dafür gab, erfand dieser geniale Visionär Flugzeuge, Hubschrauber, Autos, Fallschirme, U-Boote, Panzerwagen und vieles mehr. Woher kamen seine Inspirationen und kreativen Ideen?

Kann ich als Autor letztendlich sicher sein, dass alle meine »eigenen« Modelle in diesem Buch wirklich von mir stammen und ich nicht einfach nur die Gedanken von jemand anderem aufgenommen habe?

Interessant werden diese Betrachtungen natürlich auch im Hinblick auf »geistiges Eigentum«, Patentrecht, Markenrecht und Copyrights.

Wir alle haben also kostenlosen Zugang zu einem gigantischen Informationsnetz, doch wie sieht es nun aus mit einer Gebrauchsanweisung?

Nehmen wir einfach mal das Internet zum Vorbild.

1. Du wählst dich ein, stellst also eine Verbindung mit dem Internet her.
2. Du rufst eine Suchmaschine auf.
3. Du gibst bestimmte Schlüsselwörter ein oder stellst eine präzise Frage.
4. Du erhältst Hinweise (Links), wo du Informationen hinsichtlich deiner Frage und Schlüsselwörter findest, oder manchmal schon gleich die Antwort.

5. Du wählst den Link aus, der am erfolgversprechendsten ist, und wiederholst dies, bis deine Frage beantwortet ist.

Ähnlich könntest du jetzt vorgehen, um deine Fragen an das, nennen wir es mal, Universal Information Web (UIW), zu stellen.

☺ 💿 CD-Titel 14: Universales Informationsnetz

1. Mache es dir bequem, schließe deine Augen und sieh dich als Bestandteil eines allumfassenden Netzes oder Feldes, in dem *alle* Informationen gespeichert sind.
2. Erkenne den Teil in dir, der eigentlich schon immer in steter Verbindung mit diesem Feld war und ist.
3. Gib diesem Teil den Auftrag, für dich bezüglich deiner spezifischen Frage zu recherchieren. Je präziser du diese Frage formulierst, desto besser werden auch die Ergebnisse sein. Bedanke dich schon im Voraus bei diesem Teil, und vereinbare vielleicht auch noch ein Zeichen, woran du erkennst, dass die Antwort nur von ihm kommt, und mache ihm auch klar, wenn eine Sache dringlich ist.
4. Lass deine Frage los und kehre zurück in die Realität. In den folgenden Minuten, Stunden, Tagen oder Wochen wirst du Antworten erhalten oder auch Hinweise auf Menschen, Seminare, Bücher usw., die dich zu deiner Antwort führen.
5. Wähle den Hinweis aus, der am erfolgversprechendsten ist, sich am besten anfühlt, und wiederhole dies, bis deine Frage beantwortet ist.

Dies ist natürlich nur eine Variante, mit dem UIW in Kontakt zu treten und es zu nutzen. Sie bietet dir einen möglichen Rahmen und damit viel Raum für eigene kreative Ideen.

Affirmationen zu Wissen und Lernen

Ich liebe es, zu lernen.

Ich lerne schnell und spielend.

Alles Wissen steht mir zur freien Verfügung, und ich bin damit verbunden.

Ich habe freien Zugang zu allen Informationen, die ich brauche.

Ich bin täglich überrascht von meiner genialen Kreativität.

Ich lerne leicht jedes Thema, das ich wähle.

Lernen ist Freude und Spaß.

Ich habe stets das Wissen zur Verfügung, das ich gerade benötige.

Alles Erlernte, Gelesene und mehr habe ich zum perfekten Zeitpunkt zur Verfügung und kann es spielend wiedergeben.

Mein Gedächtnis ist exzellent.

Ich kann mir leicht Namen und Gesichter merken.

Es macht mir Freude, zu studieren und meine Prüfungen mit großem Erfolg zu bestehen.

Ich bin offen für kreative Ideen.

Ich habe freien Zugang zu allem kreativen Wissen.

LOA und Spiritualität

»Die Wüstenväter lehren uns eine Spiritualität von unten.
Sie zeigen, dass wir bei uns und unseren Leidenschaften
anfangen müssen. Der Weg zu Gott führt bei ihnen immer
über die eigene Selbsterkenntnis.«
Anselm Grün

Was ist Spiritualität?

In der Wikipedia findet man folgende Erklärung:

»*Spiritualität* (v. lat. spiritus = Geist, Hauch) bedeutet im weitesten Sinne eine Form von Geistigkeit als Gegensatz zum rein rationalen Denken und einer materiellen Körperlichkeit. Sie steht für die gelebte Verbindung zum Formlosen, Göttlichen, Transzendenten oder der Unendlichkeit. Sie ist auch eine Art Lebenspraxis. Sie bezeichnet die Auffassung, dass die menschliche Seele ihren oder der menschliche Geist seinen Ursprung einer göttlichen oder transzendenten Instanz verdankt oder zu einer absoluten höheren Wirklichkeit in Beziehung steht.«[1]

Für mich schließt Spiritualität zusätzlich noch den akzeptierenden und liebevollen Umgang mit mir selbst, anderen Menschen, Lebewesen und Dingen ein. Geistige universelle Gesetze, wie das Gesetz der Anziehung, sind ein weiterer essenzieller Bestandteil. Wie schon erwähnt, liefern die moderne Wissenschaft und insbesondere die Quantenphysik in zunehmendem Maße neue und interessante Erklärungsmodelle für diese Gesetzmäßigkeiten.

Im Laufe dieses Buches hast du mittlerweile meine Art von Spiritualität kennengelernt, vor allem, was das Gesetz der Anziehung betrifft. Wie du auch aus meiner Einlei-

1 *http://de.wikipedia.org*

tung weißt, hat es fast zwanzig Jahre gedauert, bis ich diese Prinzipien wiederentdeckte und auch annahm. Eine große Rolle spielten in diesem Prozess die wissenschaftlichen Erklärungsmodelle.

Worauf will ich hinaus?

Ein hohes spirituelles Bewusstsein zu erlangen ist meist keine Angelegenheit von Wochen, Tagen oder gar Stunden, es sei denn, du erfährst etwas, was man gemeinhin als »große Erleuchtung« bezeichnet.

Da du jedoch gerade jetzt dieses Buch in dein Leben gezogen hast, so kannst du davon ausgehen, dass du dich an einem Punkt deines Lebens befindest, an dem die hierin vorgestellten Prinzipien und Erkenntnisse für dich Sinn ergeben und du diese auch integrieren kannst und solltest.

Positive Erfahrungen, aber auch weiterführende Literatur, Seminare, Coaching und der Austausch mit anderen werden den Prozess noch unterstützen.

Bewusstseinsebenen

Wir alle befinden uns auf einer bestimmten Bewusstseinsebene. Nach David R. Hawkins[1] reichen diese Stufen von »Scham« bis »Erleuchtung«. Dabei kommen wir ab der Ebene »Mut« in unsere innere Stärke oder auch Kraft, hier ist sozusagen der Wendepunkt.

Ohne näher auf dieses Modell einzugehen (weitere Informationen findest du auch im Internet[2]), ist es Ziel dieses Buches, dich Schritt für Schritt auf höhere Bewusstseinsebenen zu führen, indem du Scham, Schuld, Angst und Wut hinter dir lässt und dich auf Akzeptanz, Liebe, Freude,

1 David R. Hawkins: *Die Ebenen des Bewusstseins*, siehe »Quellen« im Anhang.
2 *http://de.spiritualwiki.org/Hawkins/Portal*

Dankbarkeit, Frieden und schließlich Erleuchtung konzentrierst oder diese einfach nur zulässt.

Mit jeder neuen höheren Ebene, die du erreichst, änderst du nicht nur deine Realität, du hebst auch mehr oder weniger die gesamte Schwingung deines Universums, ähnlich einem Wassertropfen, der den Wasserstand eines Sees oder Ozeans erhöht.

Und vielleicht sind ja gar nicht so viele Wassertropfen mehr nötig, um unsere Welt mit Akzeptanz, Liebe und Frieden zu überfluten.

Je höher deine Bewusstseinsebene ist, desto mehr Menschen kannst du wiederum auf höhere Stufen führen, und das allein durch deine Ausstrahlung. Wie viele Menschen wurden wohl von Jesus und Buddha, die sich auf der Ebene der Erleuchtung befunden haben, inspiriert und erhoben, selbst über deren körperlichen Tod hinaus?

Ewiges Leben?

Damit sind wir auch schon bei einem Thema, das wie kaum ein anderes in den Bereich der Spiritualität fällt: Wo kommen wir her, und wo gehen wir hin? Und gibt es überhaupt so etwas wie Tod, oder ist Sterben nur der Übergang in eine andere Existenz?

Wenn man die verschiedenen Religionen betrachtet, so gibt es eine Parallele, die alle betrifft: Es geht weiter nach dem Tod, ob wir nun wiedergeboren werden, in den Himmel kommen oder in die ewigen Jagdgründe eingehen.

Viele Menschen mit Nahtoderfahrungen beschreiben auch in hoher Übereinstimmung ein Licht, auf das sie während dieser Phase zugingen, und nicht wenige waren gar enttäuscht, als man sie wieder ins Leben zurückholte. Ist es vielleicht so, dass wir aus diesem Licht kommen und, nachdem wir unseren Körper verlassen, wieder dorthin zurückkehren? Oder sind wir gar dieses Licht? Sollte man dann nicht lieber das Sterben oder den Tod als ein »Ins-Licht-(Zurück)gehen« bezeichnen. Was fühlt sich für dich besser an: »Er/Sie ist gestorben/tot« oder: »Er/Sie ist ins Licht gegangen«?

Interessant ist auch folgende Betrachtungsweise: Wenn wir mit unseren Gedanken und Gefühlen unsere Wirklichkeit erschaffen, könnte dies nicht auch für die Realität gelten, die wir als das Leben nach dem Tod bezeichnen? Eine zugegeben gewagte, aber gewiss interessante Hypothese, und immerhin eine Möglichkeit, wie ich finde.

Auf alle Fälle bin ich der Auffassung, dass Menschen, die fest an eine weitere Existenz nach ihrem physischen Ableben glauben, in welcher Form auch immer, eine bessere Lebensqualität haben als Menschen, die dies verneinen.

Wenn wir davon ausgehen, dass alles – und damit auch jeder von uns – Energie ist und dass Energie weder erzeugt noch zerstört, sondern allenfalls umgewandelt werden kann, dann bedeutet dies auch, dass wir in irgendeiner Form schon immer existiert haben und auch immer existieren werden. Und Energie folgt der Aufmerksamkeit. Warum sollten wir also nicht unsere zukünftige Existenz erschaffen können?

Niemand von uns kennt die Wahrheit, weiß, was ihn auf der »anderen Seite« erwartet. Warum sich also nicht für eine Möglichkeit entscheiden, die auch unser jetziges physisches Leben mit mehr Freude und Leichtigkeit erfüllt? Wir alle werden geboren und leben mehr oder weniger Jahre in einem Gefühl der Unsterblichkeit. Liegen oder lagen wir damit so falsch?

Was sind also deine Wünsche für deine Existenz, nachdem du »ins Licht gegangen« bist? Werde dir jetzt klar darüber, formuliere eine Affirmation, erschaffe eine wunderbare Vorstellung, löse eventuelle Widerstände auf, strahle diesen Wunsch immer wieder mit Gedanken und Gefühlen aus und lebe und handle in Übereinstimmung damit.

Karma

Auch im deutschsprachigen Raum wächst die Zahl derer, die nach den buddhistischen Lehren leben. Dies ist nicht zuletzt das Verdienst des 14. Dalai Lamas, der wie kein anderer zuvor die westliche Welt bereist und sich intensiv für den friedfertigen, konstruktiven und mitfühlenden Dialog einsetzt.

Karma ist ein Bestandteil der buddhistischen Lehren und beruht auf dem Ursache-Wirkungs-Prinzip und dem Glauben an Wiedergeburt. Karma könnte man so auch als inkarniertes Gesetz der Anziehung verstehen. All unsere Gedanken und Handlungen früherer Leben werfen Schatten (schlechtes Karma) oder auch Licht (gutes Karma) auf unsere jetzige Existenz.

Solltest du in einem oder mehreren Bereichen deines Lebens große Probleme haben und auch LOA dir nicht die erhofften Erfolge bringen, so kann dies an schlechtem Karma liegen.

Eine Möglichkeit, dieses aufzulösen, liegt sicherlich in der Entwicklung von Mitgefühl, bedingungsloser Liebe und Dankbarkeit. Die Shambhala-Meditation[1] ist eine weitere; Voraussetzung hierfür ist die Initiation (Maha-Diksha) durch einen spirituellen Lehrer (z. B. den Dalai Lama). Die Meditation wiederum besteht aus dem Rezitieren eines Mantras (Kalachakra-Mantra) und der Meditation über

1 *http://de.wikipedia.org/wiki/Kalachakra*

den heiligen »Lichtstein« oder ein anderes vom Lehrer vorgegebenes Thema.

Doch es geht auch einfacher. Um schlechtes Karma aufzulösen, schlägt Dattatreya Siva Baba das Rezitieren des folgenden Mantras vor[1]: *Thiru Nila Kantam* (ausgesprochen: Ti-Ru Nee-Le Kan-Tem). Jeden Tag, direkt nach dem Aufwachen, visualisiere ein blaues Licht in deiner Kehle und sprich dieses Mantra drei Minuten lang leise oder laut aus mit der Absicht, dein Karma bezüglich Geld, Gesundheit, Beziehungen usw. aufzulösen. Tust du dies täglich, beginnst du den Prozess, dein Leben positiv zu verändern, und die Manifestation deiner Wünsche kann geschehen. Gerne kannst du dabei auch Dattatreya Siva Baba bitten, dieses zu unterstützen.

Hier und Jetzt[2]

Ein weiteres spirituelles Ziel könnte es sein, mehr im Hier und Jetzt zu leben. Wenn wir jung sind, so ist unsere Aufmerksamkeit oft auf die Zukunft gerichtet, mit zunehmendem Alter eher in die Vergangenheit. Das »wahre« Leben findet jedoch ausschließlich im Hier und Jetzt statt, alles andere ist Illusion. Nur im Hier und Jetzt ist dein ganzes Potenzial, deine ganze Kraft, bist du wirklich geerdet und kannst die Weichen für deine Zukunft stellen. Hier gibt es auch keine negativen Gefühle wie Schuld, Ärger, Wut oder Angst, die alle entweder mit der Vergangenheit oder mit der Zukunft in Beziehung stehen. Im Hier und Jetzt gibt es nur das Sein, das »Ich bin«.

---

1 weitere Informationen unter: *www.sivababa.org.*
2 Ein empfehlenswertes Buch zu diesem Thema stammt von Eckhart Tolle: *Leben im Jetzt,* siehe »Quellen« im Anhang.

Auch im LOA nehmen wir Bezug auf dieses Prinzip, indem wir unsere erwünschte Zukunft in die Gegenwart holen. Wenn du deine Affirmationen durch das Wort »jetzt« ergänzt, verstärkst du noch diesen Aspekt.

Je mehr du im Hier und Jetzt lebst und je mehr du dieses mit Glück, Liebe und Dankbarkeit erfüllst, desto mehr wird sich dein Leben in positiver Hinsicht transformieren.

Klarträume – luzide Träume

Es gibt eine »Realität«, in der es auch für dich möglich ist, etwas aus dem Nichts heraus zu manifestieren, und zwar in einem Klartraum. In einem Klar- bzw. luziden Traum ist sich der Träumer bewusst, dass er träumt. Dieses befähigt ihn, seinen Traum zu steuern. Derjenige, der sich diese Fähigkeit zu eigen macht, besitzt damit sein eigenes Holodeck. *Star-Treck*-Fans wissen, was ich damit meine.

Vor einigen Jahren habe ich mich intensiv mit diesem Thema beschäftigt und hatte in dieser Zeit auch gut ein Dutzend Klarträume. Heute kann ich mich noch an fast jeden dieser Träume erinnern. Da mir jedoch damals der tägliche Aufwand zu groß war, trat das Thema bald in den Hintergrund. Um dir das Prinzip zu verdeutlichen, hier ein kurzer Klartraumausschnitt:

Ich befinde mich in einem Dschungel, zusammen mit einem Bekannten, den ich am gleichen Abend erst kennengelernt habe. Wir beide springen von Baum zu Baum, und mir kommt der Gedanke: »Hey! Das kannst du doch gar nicht! Das muss ein Traum sein!«

Um dies zu testen, nehme ich mir vor zu fliegen. Ich stoße mich von der Erde ab, und es funktioniert. Ich fliege! Mit klaren Anweisungen wie »Höher, tiefer, nach rechts usw.« lenke ich meinen Flug, bis ich eine Mauer erreiche, an der ich mir vornehme, einen weiteren Test durchzuführen. Mit den Fingerspitzen voran gehe ich durch diese Steinmauer, bekomme aber Angst, als ich ihre Mitte erreiche und mich nur noch Dunkelheit umgibt. Schnell wieder zurück ans Licht.

Ich entschließe mich, noch etwas mehr Spaß zu haben. Ich stelle mir vor, dass eine wunderschöne Frau um die Ecke kommt. Sie erscheint, ich frage sie: »Hättest du Lust ...?«, *und sie antwortet:* »Nein«, *was mich doch für einen Augenblick irritiert. Ich sage daraufhin:* »Hey, das ist doch nur ein Traum!«, *und dann ist sie einverstanden, und ... den Rest überlasse ich deiner Fantasie.*

Das war eins meiner ersten Klartraum-Erlebnisse, und ich war vollkommen bewusst dabei. Dies ist wohl auch der Grund, warum ich dieses und auch die folgenden nie vergessen habe.

Klarträume werden heute nicht nur zum Spaß genutzt, sondern auch im therapeutischen Kontext (zur Auflösung von Albträumen) wie auch zur Verbesserung im sportlichen Bereich. Experimente zeigen, dass beispielsweise das Trainieren in einem Klartraum sehr wohl eine Leistungssteigerung auch in der Wirklichkeit nach sich ziehen kann.

In einem Traum befinden wir uns in einer zeit- und raumlosen »Realität«, die für das Manifestieren wie geschaffen ist. Die Frage ist nun, ob sich eine Klartraum-Manifestation auch auf unsere Wirklichkeit auswirkt.

Stell dir einmal vor, du erschaffst bewusst dein Wunschhaus in einem dieser Träume, und zwar mithilfe deiner Gedanken und Vorstellungskraft. Dieses Haus ist nun dein, es gehört dir. Welche Emotionen wird dies wohl bei dir auslösen? Und wird diese Schwingung dein Ziel unterstützen? Mit Sicherheit! Gefühle in Klarträumen sind meines Erachtens nicht nur genauso echt wie in der Realität, sie sind auch sehr intensiv und besitzen damit natürlich eine hohe Anziehungskraft.

Mit LOA und den Spielhelfern (Kap. 3) wird es bestimmt auch dir möglich sein, Klarträume zu erleben. Mein nächstes Projekt geht jedenfalls in diese Richtung mit dem Ziel, jedem Menschen leicht und schnell zu ermöglichen, diese Fähigkeit zu aktivieren. Im Internet[1] und auch in vielen Büchern[2] kannst du dich weiter über dieses interessante Thema informieren.

Ich wünsche dir schöne Klarträume.

Affirmationen zur Spiritualität

Ich bin eins mit meinem Universum.
Ich bin mit allem verbunden, dankbar und glücklich.
Ich bin geerdet im Hier und Jetzt.
Glücklich im Hier und Jetzt zu sein ist meine höchste Bestimmung.
Ich liebe es, frei und ich selbst zu sein.
Ich bin der Schöpfer meiner Realität.
Mit meinen positiven Gedanken und Gefühlen ziehe ich jetzt Reichtum, Gesundheit und Glück in mein Leben.
Alle meine Vorhaben sind gesegnet mit Licht, Liebe, Freude, Gesundheit, Glück, Erfolg und Dankbarkeit.
Ich folge voller Vertrauen meinem Herzen und meiner Bestimmung.
Ich entscheide mich jetzt für Glück und spirituelles Wachstum.
Ich gebe mit Freude und Dankbarkeit.
Ich bin in Frieden mit mir selbst.
Ich vertraue meiner Intuition.

---

1 *http://de.wikibooks.org/wiki/Klartraum, www.klartraum.de*
2 Z. B. Frederick E. Dodson: *Illumination des Träumens*, siehe »Quellen« im Anhang.

Ich bin liebevoll verbunden mit meinem höheren Selbst, das mich unterstützt bei all meinen Vorhaben.

Meine Bestimmung ist mein Fixstern, nach dem ich mein Leben ausrichte.

Alles Gute, das ich suche, findet mich.

Meine Bestimmung führt mich zu Gesundheit, Reichtum, Liebe und Glück.

Alles, was ich mir wünsche, liegt flussabwärts.

Ich bin Dankbarkeit, Liebe, Reichtum und Glück.

Alles, was ich mir von Herzen wünsche, findet mich leicht und schnell.

Ich entscheide mich jetzt für ewiges Leben in Glückseligkeit.

Mein wahres Selbst ist ewiges Licht, Liebe und Glückseligkeit.

Ich bin ein erleuchtetes Wesen.

Jedes Mal, wenn ich träume, bin ich mir bewusst, dass ich träume.

Ich liebe es, meine Träume bewusst zu gestalten.

Alles, was ich in meinen Klarträumen manifestiere, wird zu meiner Realität.

Ich liebe es, ein Klarträumer zu sein.

»Die Macht ist mein Verbündeter, und ein mächtiger Verbündeter ist sie. Das Leben erschafft sie, bringt es zur Entfaltung. Ihre Energie umgibt uns, verbindet uns mit allem. Erleuchtete Wesen sind wir, nicht diese rohe Materie. Du musst sie fühlen – die Macht, die dich umgibt. Hier zwischen dir, mir, dem Baum, dem Felsen dort, allgegenwärtig. Ja, selbst zwischen dem Sumpf und dem Schiff.«
Yoda zu Luke Skywalker[1]

1 Aus *Star Wars V*: »Das Imperium schlägt zurück«

8. Die Kraft des Gebens

»Das Geheimnis des Glücks liegt nicht im Besitz, sondern
im Geben. Wer andere glücklich macht, wird glücklich.«
André Gide

»Gebt, und es wird euch gegeben.« Wir alle kennen diesen
Satz aus dem Neuen Testament.

Joe Vitale berichtet in seinem kostenlosen E-Book[1] mit
dem Titel *The Greatest Money-Making Secret in History* von
einem Mann mit einem Anfangskapital von zwei Millionen
Dollar, der innerhalb von zehn Jahren 20 Millionen Dollar
spendete. Wenn man sich näher mit erfolgreichen Personen
beschäftigt, so ist es auffällig, dass die meisten von ihnen in
irgendeiner Art und Weise wohltätige Projekte in großem
Maße unterstützen. So manche Prominente, die ich früher
sicher nicht mit sozialem Engagement in Verbindung gebracht habe, erscheinen mir heute in einem anderen Licht.
Heute gehe ich davon aus, dass Geben eines der wichtigsten
Erfolgsrezepte ist.

Wenn wir geben, wird uns gegeben. Das ist das Gesetz
der Anziehung. Hierbei gibt es nur eines zu beachten. Auch
wenn wir dieses Gesetz kennen und ihm vertrauen, sollten wir *nie* geben, *um* etwas zu erhalten. Dies darf *nie* die
Absicht dahinter sein. Solltest du etwas geben mit der Intention, dafür etwas zu erhalten, zeigt dies, dass das Geben

---

1 *http://www.makingmoneyonlineafter50.com/GMMS.pdf*

aus einem Mangel heraus geschieht, und wenn du Mangel ausstrahlst, dann ...

Ein kleines persönliches Beispiel: Als ich anfing mit meinem Newsletter für die Energetische Psychologie, erwartete ich unbewusst oder auch bewusst einen Ausgleich für meine Mühe in Form von Seminaranmeldungen oder auch Anerkennung. Es geschah jedoch wenig in dieser Hinsicht.

Im Laufe der Zeit ließ ich diese Erwartungen los. Ich schrieb den Newsletter um des Schreibens willen und mit der Intention, anderen eine Freude zu machen bzw. mein Wissen zu teilen. Daraufhin stellten sich wesentlich bessere Resultate ein, nicht zuletzt das Geschenk, mein EFT-Buch schreiben zu dürfen.

Was bedeutet dies, das Thema »Die Kraft des Gebens« betreffend?

- Gib des Gebens willen und *nicht* des Erhaltens.
- Gib mit freudigem Herzen und der Dankbarkeit, dass du etwas geben kannst.
- Gib aus der Fülle heraus und *nicht* aus dem Mangel.
- Höre auf dein emotionales Führungssystem und gib nur, wenn dies mit einer positiven Emotion verbunden ist.
- Das Geben darf *nie* ein »Geschäft« sein.
- Frage *nicht*: »Was kann mein Universum für mich tun?«, sondern: »Was kann ich für mein Universum tun?«, und das Universum wird fragen: »Was kann ich für dich tun?«
- Du *weißt*: »Wenn ich mit freudigem Herzen und dankbar aus der Fülle heraus gebe, dann wird mir gegeben!«
- Du kannst nur etwas geben, was du hast! Mache eine Liste von den Dingen, die du hast und die du gerne verschenken oder mit anderen teilen würdest. Dies müssen keine materiellen Sachen sein. Wenn du viel Liebe hast, dann verschenke sie. Wenn du viel Wissen hast, dann tei-

le es mit anderen. Wenn du viel Freude hast, dann strahle diese in dein Universum aus.

· Kümmere dich nicht darum, *woher* du etwas erhältst. Das ist Aufgabe des Universums. Seit ich das LOA kenne, habe ich immer öfter die Erfahrung gemacht, Dinge aus den unterschiedlichsten Quellen zurückzuerhalten. Das heißt, ich gebe an eine bestimmte Seite und erhalte von einer ganz anderen Seite. Auch auf mich kommen ab und zu unerwartete Ausgaben und Rechnungen zu. Genauso unerwartet erfolgt meist der Ausgleich (und mehr), indem sich z. B. kurz vor einem Seminar noch zwei Teilnehmer anmelden oder ein Skript von mir bestellen. Mittlerweile zahle ich (fast) jede Rechnung mit freudigem Herzen und der Gewissheit, der Ausgleich (und mehr) ist schon da bzw. unterwegs.

· Was du erhältst oder geschenkt bekommst, ist das Resultat von etwas, das du gegeben hast, ob es sich dabei um Geld, materielle Dinge, einen guten Rat, eine Erkenntnis, ein Kompliment oder auch »nur« ein Lächeln handelt. Das Universum spiegelt dir dein Geben auf die unterschiedlichste Art und Weise wider.

Nicht jeder von uns hat die finanziellen Mittel, wohltätige und wichtige Projekte großzügig zu unterstützen, auch wenn wir dies gerne täten.

Geld hat den großen Vorteil, dass es wiederverwertbar ist. Das heißt, dass der 20-Euro-Schein in deiner Brieftasche Tausende und Abertausende Euro wert sein kann, abhängig davon, durch wie viele Hände er geht. (Dies ist übrigens ein weiterer Beweis dafür, dass es unbegrenzte Geldmittel gibt.)

Stell dir einmal vor, du gibst diese 20 Euro aus für Lebensmittel. Das Geld wandert in die Kasse, geht mit anderen Scheinen auf die Bank, wird dort wieder an jemand anderen ausbezahlt, der wiederum etwas dafür kauft. Dieser Verkäufer leistet sich dafür einen neuen Haarschnitt, der Frisör gibt den Schein als Wechselgeld an einen anderen Kunden, dieser spendet die 20 Euro einem guten Zweck und so weiter und so fort.

Wir haben also keine Ahnung, wo »unser« Geld im Endeffekt landet, ob es sich dabei nun um Bargeld oder auch nur »virtuelles« Geld handelt, das wir überweisen, um beispielsweise unsere Miete zu bezahlen.

Wenn wir jetzt einmal davon ausgehen, dass Geld auch »nur« Energie ist und diese der Aufmerksamkeit folgt, so sollte es uns doch möglich sein, diesen Geldfluss zu beeinflussen. Man könnte sich beispielsweise vorstellen, dass das Geld, das man monatlich für die Miete überweist, in erster Linie einem wohltätigen Zweck zugutekommt. Dies ist ja auch durchaus möglich, und ein kleiner Schups in die richtige Richtung kann auf keinen Fall schaden.

☺ 🖎

Mache eine Liste mit den Beträgen, die du jeden Monat überweisen oder zahlen musst. Entscheide nun, wohin dieses Geld fließen soll, und schreibe die Organisation oder das Projekt hinter den jeweiligen Betrag.

Segne diese Liste mit deinem »Schöpferlicht« und Dankbarkeit.

Hierzu noch zwei Anmerkungen:

Geld zieht wiederum Geld an, und dies ist es, was auf seiner Reise passieren kann. Es ist also durchaus möglich, dass aus 200 Euro, die du auf diese Art und Weise gegeben hast, 400, 800 oder noch mehr Euro werden, die beim Adressaten ankommen. Nimm diese Möglichkeit mit in deinen Segen.

Geld hat außerdem die Eigenschaft, einen Kreislauf zu beschreiben. Bist du dir dessen gewiss, so wirst auch du immer eine Station in diesem Kreislauf sein.

Die Kraft des Annehmens

»Jeden Tag als eine Gabe, als ein Geschenk annehmen.
Steh morgens nicht zu spät auf. Schau in den Spiegel,
lach dich an und sag zu dir: ›Guten Morgen!‹
Dann bist du schon in Übung, dann kannst du es
auch anderen sagen.«
Phil Bosmans

Ich denke, es ist auch dir bestimmt nicht nur einmal passiert, dass dir etwas geschenkt wurde und eine kleine innere Stimme dir dabei Sätze zuflüsterte wie: »Das ist viel zu groß. Das kann ich nicht annehmen. Das habe ich nicht verdient. Wie soll ich mich dafür revanchieren?« Vielleicht hast du daraufhin das Geschenk mit einem süßsauren Gesicht angenommen oder gar abgelehnt.

Aber alles, was dir geschenkt wird, so groß es auch sei, hast du auch verdient! Keine Wirkung ohne Ursache! Für alles, was du erhältst, gibt es einen Grund, eine Resonanz. Der Schenkende ist dabei mehr oder weniger nur der Erfüllungsgehilfe deines Universums, ähnlich dem Weihnachtsmann. Und ein schönes Geschenk von diesem würdest du ja auch immer mit Freude und Dankbarkeit annehmen, oder?

Indem du dies tust, bleibst nicht nur du im Fluss, sondern auch der Schenkende. Lehnst du ab, durchbrichst du diesen Kreislauf. Nimmst du nur mit Widerwillen an, so strahlst du dieses negative Gefühl aus. Niemand ist gerne mit jemandem zusammen, der seine Geschenke ablehnt. In manchen Kulturen ist dies sogar ein schlimmes Vergehen.

Du brauchst dich auch *nicht* darum zu sorgen, wie du dich für das Erhaltene revanchieren kannst. Deinen Beitrag

238 · Die Kraft des Gebens

hast du längst geleistet, oder du wirst es auf die eine oder andere Art und Weise sowieso in der Zukunft tun.

Wenn du mit Freude und Dankbarkeit gibst und auch annimmst, machst du damit immer mindestens zwei Menschen glücklich. Einer davon bist du!

»Liebe ist der Wunsch, etwas zu geben, nicht zu erhalten.«
Bertolt Brecht

9. LOA im Alltag

>»Tief im Menschen sprudelt eine Quelle
unendlicher Kraft, die nie versiegt und hervorkommen
möchte, um dem Alltag eine Seele zu geben.«
unbekannt

In diesem Spielabschnitt gehe ich auf die praktische Umsetzung des Gesetzes der Anziehung im Alltag ein. LOA lässt sich nämlich nicht nur auf kleinere oder größere Wünsche und Ziele anwenden, sondern auch wunderbar ins tägliche Leben integrieren.

Wort-LOA

>»Ein Wort gleicht der Biene, es hat Honig und Stachel.«
unbekannt

Wörter sind Energie und haben eine Schwingung ebenso wie Emotionen und Gedanken. Sicherlich kennst auch du Ausdrücke, auf die du mit negativen Gefühlen, ja »allergisch« reagierst und die du trotzdem tagtäglich verwendest bzw. die Teil deiner Gedanken sind.

Im Kapitel 3, »Spielhelfer«, bin ich bereits auf das Thema *Reframing* eingegangen. Beim Reframing geben wir einem

Problem, Ereignis oder einer Situation eine andere, positive(re) Bedeutung und Wahrheit. Dieses Vorgehen können wir auch auf Wörter anwenden. Hier ein paar Beispiele aus meinem EFT-Buch:

„Negatives" Wort	Besseres Wort (Reframe)
Problem	Herausforderung
Trauma	Lernerfahrung
Kann ich nicht!	Kann ich noch nicht!
Einsam, allein	Jederzeit verfügbar
Gestresst	Energiegeladen, gefragt
Schrecklich	Spannend, interessant, faszinierend
Verwirrt	Kurz vorm Verstehen
Unruhe	Voller Energie

Wie du leicht erkennen kannst, haben die Wörter bzw. Aussagen auf der rechten Seite der Liste eine bessere Schwingung als die auf der linken Seite, da sie positivere Emotionen auslösen.

Notiere jetzt Wörter, die bei dir ein negatives Gefühl verursachen und die dir tagtäglich begegnen. Schreibe diese in die linke Spalte eines Blattes und finde bessere Ausdrücke oder Aussagen, die du zukünftig verwenden wirst. Diese sollten positive Emotionen bei dir auslösen, dich, weil sie so albern sind, zum Lachen bringen oder wenigstens das negative Gefühl abschwächen.

Der zweite Teil der Übung besteht darin, für bereits posi-

tiv besetzte Wörter noch bessere zu finden. Hier ein paar
Beispiele:

„Positives" Wort	Superwort
Attraktiv	Hinreißend
Ganz gut	Einfach super
In Ordnung	Erstklassig
Nett	Fantastisch
Froh	Im siebten Himmel
Neugierig	Fasziniert
Zufrieden	überglücklich
Prima	Phänomenal

Welche positiven Gefühlsausdrücke verwendest du? Schreibe diese in die linke Spalte eines Blattes und finde noch bessere Ausdrücke oder Aussagen, die du zukünftig verwenden wirst.

Falls Widerstände auftreten, wenn du zukünftig diese »Superwörter« verwendest, so kannst du diese mit den Spielhelfern (Kap. 3) auflösen bzw. loslassen. Und denk daran: Es kommt nicht nur darauf an, *welche* Wörter du verwendest, sondern auch *wie* du diese Wörter denkst oder aussprichst. Deine Körpersprache und deine Stimme sollten kongruent zum Wortinhalt sein.

Mach hierzu mal ein kleines Experiment:

Lass den Kopf hängen, zieh die Schultern hoch und sage leise: »Ich fühle mich fantastisch.«

Und jetzt steh auf, steh gerade, atme tief durch, balle eine Faust und sage mit lauter und fester Stimme: »Ich fühle mich fantastisch!!!«

Unterschied bemerkt?

Wende deine »neuen« Wörter mindestens drei Wochen lang an, bis sie in Fleisch und Blut übergegangen sind. Du wirst überrascht sein, wie positiv sich dies auf dein emotionales Erleben auswirkt.

>»Ein einziges Wort verrät uns manchmal
> die Tiefe eines Gemüts, die Gewalt eines Geistes.«
> *Marie von Ebner-Eschenbach*

Abschnitts-LOA

Bisher hast du LOA insbesondere für konkrete Herzensziele »angewendet«, welche du in der Zukunft erreichen willst. Es lässt sich jedoch auch hervorragend in den Tagesablauf integrieren.

Dein Tag verläuft in verschiedenen Abschnitten oder auch Segmenten.

Ein Beispiel:

Abschnitt 1: Aufstehen, Bad, Anziehen, Frühstück
Abschnitt 2: Fahrt zur Arbeit
Abschnitt 3: Sitzung mit einem Patienten
Abschnitt 4: Noch eine Sitzung
Abschnitt 5: Mittagessen
Abschnitt 6: Telefongespräche mit Kunden
Abschnitt 7: Nächste Sitzung
Abschnitt 8: Einkaufen
Abschnitt 9: Fahrt nach Hause
Abschnitt 10: Abendessen
Abschnitt 11: Vorbereiten zum Ausgehen

Abschnitt 12: Ausgehen mit Freunden
Abschnitt 13: Nach Hause fahren
Abschnitt 14: Schlafen gehen

Alle diese Abschnitte sind natürlich auch mit kleineren oder größeren Zielen verbunden. Doch nehmen wir uns die Zeit, diese zu definieren oder gar zu visualisieren? In den seltensten Fällen.

Stell dir einmal vor, du möchtest für eine Prüfung etwas Bestimmtes lernen. Du nimmst ein Buch, das dir diese Inhalte vermittelt, und fängst an, dieses zu studieren. Hast du jemals zuvor deine Absicht formuliert, was du in den X Stunden Studium genau erreichen und wie du dich danach fühlen möchtest? Nein! Aber das solltest du.

Nimm dir also *vor* jedem Abschnitt ein, zwei Minuten Zeit, definiere dein Ziel, »gehe« in dessen Energie, fühle es, sei dankbar dafür und lasse es los.

Auch hier solltest du dich auf das Endresultat beziehen, also darauf, mit welchem Ergebnis dieser Abschnitt enden soll bzw. wie du dich dann fühlen möchtest.

Mit dem Abschnitts-LOA hast du nun die Möglichkeit, all die kleinen Herausforderungen des Tages positiv zu beeinflussen, ob es sich dabei um ein Date, ein Verkaufsgespräch, eine Präsentation, einen Einkauf oder auch nur um einen Parkplatz handelt.

Tages-LOA

Beim Tages-LOA verwendet man die gleiche Vorgehensweise wie beim Abschnitts-LOA, nur auf eine etwas globalere Art und Weise. Lediglich auf zwei Zeitpunkte wird dabei die Aufmerksamkeit gerichtet:

1. das Ende des Tages (kurz vor oder gleich nach dem Zu-
   bettgehen)
2. den Anfang des Tages (Aufwachen)

zu 1.: Nimm dir direkt nach dem Aufwachen ein paar Minuten Zeit und stell dir die Frage: »Wie möchte ich mich am
Ende dieses Tages fühlen?«

Glücklich, rundum zufrieden, dankbar, zuversichtlich
oder voller Vorfreude auf den nächsten Tag?

Stell dir vor, genau dies ist der Fall. Gehe in diese Vorstellung, fühle diese Energie für 1 bis 2 Minuten, sei dankbar,
lass los und begrüße den Tag.

Zu 2.: Nimm dir direkt vor dem Einschlafen ein paar Minuten Zeit und stell dir die Frage: »Wie möchte ich mich fühlen, wenn ich morgen aufwache?«

Erfrischt, erholt, neugierig auf den Tag, voller Vorfreude
oder glücklich?

Stell dir vor, genau dies ist der Fall. Gehe in diese Vorstellung, fühle diese Energie für 1 bis 2 Minuten, sei dankbar,
lass los und schlafe ein.

Gleich ob du nun das Abschnitts-, das Tages-LOA oder
auch beides anwendest, tue dies auf eine spielerische Art
und Weise und nur einmal für den jeweiligen Abschnitt
oder Tag. Lass danach los und lass dich überraschen.

Jahres-LOA

»Sandkörner machen den Berg, Minuten das Jahr, flüchtige
Gedanken ewige Taten. Haltet nichts für Kleinigkeiten.«

Theodor Gottlieb von Hippel

Ich habe dieses Experiment insbesondere für den Jahres-
wechsel konzipiert, du kannst es jedoch auch gerne schon
heute für die nächsten 365 Tage anwenden. Es ist ein Spiel,
das du gerne auch mit anderen spielen kannst.

Bevor wir ein neues Jahr beginnen, sollten wir uns von
dem vergangenen verabschieden. Und wie tun wir dies am
besten? ... In Dankbarkeit!

Notiere jetzt all die Dinge des *vergangenen Jahres* (der letzten
365 Tage), wofür du dich bedanken möchtest. Bedanke dich
auch für die »scheinbar« negativen Sachen, denn auch diese
waren wichtige Lernerfahrungen auf deinem Weg. Und wer
weiß, vielleicht waren es genau diese »negativen« Dinge, die
dir Klarheit über deine Ziele verschafft und den Weg, diese
zu erreichen, geebnet haben.

Ich bin 20... (den letzten 365 Tagen) dankbar für ...
Gehe nun über diese Liste im Gefühl der Dankbarkeit, und
verabschiede das alte Jahr (die letzten 365 Tage) in dieser
Schwingung.

Gegenwart

Wofür bist du jetzt, in diesem Moment, dankbar?

Ich bin jetzt, in diesem Moment, dankbar für ...
Gehe nun auch über diese Liste mit dem Gefühl der Dankbarkeit.

Kommendes Jahr (die nächsten 365 Tage)

Wofür bist du 20... (die nächsten 365 Tage) dankbar?
Du bist der Schöpfer! Gehe in diese Energie, und notiere all die Dinge, die du 20... (in den nächsten 365 Tagen) erschaffen wirst.

Ich bin 20... (die nächsten 365 Tage) dankbar für ...
Bereich Gesundheit:
... ...
Bereich Beziehungen:
... ...
Bereich Beruf/Finanzen:
... ...
Bereich Wissen/Lernen:
... ...
Bereich Spiritualität:
... ...

Kommen wir jetzt zum Experiment. Die beste Zeit dafür ist der 1.1. zwischen 0 und 0:10 Uhr. In diesen zehn Minuten ist das Energieniveau am höchsten, insbesondere für die Erschaffung des neuen Jahres.

Die folgende Übung dauert etwa fünf Minuten.
Es gibt kein Richtig oder Falsch bei dieser Übung, mache sie so gut, wie du kannst.

 CD-Titel 15: Jahres-LOA

Mache es dir bequem und lege deine 20...-(Nächste-365-Tage-)Liste vor dich.
Gönne deinem Ego für die nächsten fünf Minuten einen Kurzurlaub.
Verbinde dich mit dem Göttlichen, dem Schöpfer in dir.
Alles ist Energie, und damit bist du mit allem verbunden, du bist alles.
Gehe in diese Energie und erschaffe vor deinem geistigen Auge eine wunderschöne Kugel.
Gib nun all die Dinge auf deiner 20...-(Nächste-365-Tage-)Liste in diese Kugel. Tue dies auf deine Art und Weise.
Stell dir nun vor, all diese Dinge sind bereits existent, von dir erschaffen, sind Teil deines Lebens ...
Welche Gefühle löst dies bei dir aus?
Gehe voll und ganz in diese Energie, genieße sie und strahle sie in deine Kugel aus, wo sie all die wunderbaren Dinge durchdringt und umhüllt.
Strahle zusätzlich auch die Schöpferenergie, dein Schöpferlicht in diese Kugel, und gib als Letztes noch die Dankbarkeit hinzu, die du empfindest, all diese wunderbaren Dinge jetzt *zu haben*.
Und nun lass los!
Lass deine Kugel los und zu ihrem Punkt deines Universums fliegen, zum Ursprung aller Schöpfung.
Lass sie los mit Vertrauen, Zuversicht, Liebe und Dankbarkeit.

Verfolge sie mit deinem geistigen Auge, bis sie verschwunden ist oder nur noch als heller Stern im Zentrum deines Universums zu sehen ist.

Kehre wieder zurück ins Hier und Jetzt.

Stecke deine 20...-(Nächste-365-Tage-)Liste in ein Kuvert, auf das du schreibst: »Öffnen erst am 31.12.20... (Datum in 365 Tagen).« An diesem Tag kannst du dann überprüfen, inwieweit sich deine Ziele verwirklicht haben oder ob sie gar übertroffen wurden. Lass dich überraschen!

Lege die Liste bis zu diesem Zeitpunkt an einen schönen, aber »verborgenen« Platz. Nicht nur für diese Liste, sondern auch für deine anderen formulierten und aufgeschriebenen Ziele empfehle ich dir eine kleine hölzerne Schatztruhe oder etwas Ähnliches.

Sieh dieses Jahres-LOA als Experiment, als Spiel.

Die Saat ist nun gepflanzt, das Universum sorgt für das Wachstum, und dein Job ist nur noch das Ernten.

Gruppen-LOA

Gleichgerichtete Energien in einer Gruppe addieren sich nicht nur, sie potenzieren sich. Dies zeigt nicht nur die Abnahme der Kriminalitätsquote bei meditativen Großveranstaltungen, sondern auch die Erfolgsquote bei Gruppenübungen im Seminarbereich oder auch bei Selbsthilfeprojekten.

Diesen Umstand solltest auch du nutzen, indem du eine LOA-Gruppe gründest. Das LOA-Spiel kann dir nicht nur helfen, deine Ziele schnell und spielerisch zu erreichen, du wirst im Laufe der Zeit auch gleichgesinnte Menschen in dein Leben ziehen. Auch in deinem Freundes- und Bekanntenkreis gibt es sicherlich Personen, die du gerne zu einem ersten Gruppenabend einladen möchtest. Internetforen (siehe Anhang) sind ebenfalls eine gute Quelle für zukünftige Gruppenmitglieder.

Als Gruppengründer bist du auch für den Rahmen (Wo? Wie lange? Wie oft im Monat?) zuständig.

Geführte Gruppen haben im Allgemeinen eine höhere Erfolgsquote. Diese Leitung kann natürlich, wie auch der Ort, von Mal zu Mal wechseln. Werde dir auch schon im Voraus darüber klar, welches Ziel *du* mit der Gruppengründung erreichen möchtest. Die Resonanz wird dir die »geeigneten« Teilnehmer dazu bringen.

Wie du letztendlich einen LOA-Abend gestalten möchtest, ist natürlich dir überlassen. Einige Anregungen möchte ich dir jedoch geben:

- Die spielerische LOA-Anwendung sollte bei jedem Termin im Vordergrund stehen. Übungen aus diesem Buch oder von der CD können selbstverständlich in den Ablauf integriert werden.
- Während des Treffens sollte die gesamte Gruppe darauf achten, dass Sätze wie »Ich will nicht/möchte nicht mehr/will keine ...« sofort hinterfragt werden mit »Was möchtest/willst du wirklich/anstatt?« und/oder »Wie möchtest/willst du dich fühlen?« Der Fokus sollte weitestgehend dem Positiven gelten.
- Abschnitts-LOA: Beginnt den Abend, indem jeder von euch sich für einige Minuten auf das Ende des Treffens konzentriert: »Was ist mein Ziel für diesen Abend?« und »Wie möchte ich mich danach fühlen?«
- Jeder, der möchte, könnte danach eine Erfolgsgeschichte aus den letzten sieben oder 14 Tagen zum Besten geben und/oder einfach berichten, für was er zurzeit wirklich dankbar ist.

- Auch für Probleme bei der LOA-Anwendung oder Ziel-formulierung sollten 15 bis 20 Minuten Zeit sein.
- Redet auch ausgiebig über eure Ziele, am besten in der Gegenwartsform, und geht dabei auf alle wichtigen Details ein.
- Findet Ziele, die für die ganze Gruppe interessant sind, und wendet LOA darauf an. Gruppenziele könnten beispielsweise sein: eine gemeinsame Reise, der Besuch eines LOA-Seminars, harmonische Partnerschaft für jeden, vollkommene Gesundheit, finanzielle Freiheit, höhere Bewusstseinsstufe oder einfach »nur« Glücklichsein.
- Beschließen solltet ihr ein solches Treffen mit einer LOA-Meditation für den Weltfrieden. Stellt euch dabei einige Minuten vor, überall auf der Welt ist jetzt Frieden. Die Menschen umarmen sich und bewältigen Hand in Hand die größten Herausforderungen unserer Zeit. Damit stärkt ihr nicht nur den bereits vorhandenen Frieden, ihr unterstützt auch noch dessen Ausbreitung. Beendet dieses »Gebet« mit dem Gefühl tiefster Dankbarkeit. Eine etwas andere Meditation für Frieden findest du im Kapitel 11, »Weltfrieden«, und auf der beiliegenden CD.

10. Das ultimative Ziel – Glücklichsein

»Der Frohe lächelt, wenn er mit seinen Freunden zusammen ist. Der Glückliche lächelt auch, wenn er allein ist.«

Ola Normann

Wenn man zehn Leute fragen würde, was sie sich am meisten wünschen würden, so bekäme man wahrscheinlich von neun die Antwort: Glücklichsein! In dem Buch *Die Glückstrainer* von Ella Kensington fand ich folgenden Satz: Glücklichsein heißt, sich glücklich zu fühlen!

Demnach wäre »Glücklichsein« nur ein Gefühl? Auf alle Fälle ist es sehr viel leichter, sich glücklich zu fühlen, als es zu sein. Sich glücklich zu fühlen ist jedoch ein erster Schritt zum Glücklichsein. Je öfter wir uns glücklich fühlen, desto schneller wird dies zu einem Teil unserer Identität und damit zum Glücklich-*Sein* selbst.

Doch schon mit dem »Glücklichfühlen« hat man manchmal seine Schwierigkeiten. Das liegt meist daran, dass wir an dieses Gefühl allerlei Bedingungen knüpfen wie:

· Ich muss erst vollkommen gesund sein.
· Ich muss erst eine harmonische Partnerschaft haben.
· Ich muss erst viele Freunde haben.
· Ich muss erst viel Geld auf der Bank haben.
· Allen Menschen, die ich liebe, muss es erst gut gehen.
· Meine Arbeit muss mir erst Spaß machen.

- Ich muss erst ein eigenes Haus haben.
- Ich muss erst Kinder haben.
- Usw.

Notiere jetzt deine Bedingungen, die du »brauchst«, um dich glücklich zu fühlen bzw. um glücklich zu sein:

... ...

Wenn du jetzt über diese Liste gehst, welche dieser Bedingungen haben eigentlich wenig mit »sich glücklich fühlen/ glücklich sein« zu tun? Auf welche könntest du verzichten? Welche könntest du loslassen?

Mache ein Kreuz hinter diese Bedingungen und lasse sie los. Die Spielhelfer (Kap. 3) können dir dabei nützlich sein.

Und jetzt notiere die Dinge, die du *wirklich* brauchst, um dich glücklich zu fühlen/glücklich zu sein, wie:

- Ich fühle mich o. k.
- Ich habe ein Dach überm Kopf.
- Ich habe zu essen und zu trinken.
- Usw.

Je weniger Bedingungen das »Sichglücklichfühlen« oder »Glücklichsein« voraussetzt, desto einfacher ist es, diesen Zustand herzustellen bzw. ihn zu erreichen. Und vielleicht brauchst du ja nur dich selbst, um dich glücklich zu fühlen oder glücklich zu sein?

Denn: *Glücklich zu sein ist eine Entscheidung!*

Entscheide dich täglich aufs Neue, glücklich zu sein, unabhängig von allem.

Beherzige in Zukunft:

Nicht: »Wenn/sobald ... (z. B. ich eine harmonische Partnerschaft habe), dann fühle ich mich oder bin ich glücklich.«

Sondern: »Wenn ich mich glücklich fühle oder bin, dann ... (z. B. habe ich eine harmonische Partnerschaft)!«

Hier eine kleine Übung, die dir zeigt, wie leicht es ist, sich glücklich zu fühlen:

Steh auf und gestatte es dir, alle etwaigen Probleme, Sorgen und Ängste für zwei Minuten loszulassen. Atme einmal tief durch die Nase ein und durch den Mund aus.

Nimm jetzt die Haltung eines Menschen ein, der sich glücklich fühlt.

Atme dabei wie ein Mensch, der sich glücklich fühlt.

Imitiere dabei die Mimik eines Menschen, der sich glücklich fühlt, d. h., lächle und schaue etwas nach oben.

Denke dabei Gedanken, die ein Mensch denkt, der sich glücklich fühlt.

Sprich diese Gedanken laut aus mit der Stimme eines Menschen, der sich glücklich fühlt.

Gehe dabei ein paar Schritte wie ein Mensch, der sich glücklich fühlt.

Wie fühlst du dich jetzt?

Mache diese kleine Übung insbesondere dann, wenn du erkennst, dass du in einem negativen Zustand bist. Sie ist ein toller Musterunterbrecher und wird nach und nach deine Grundschwingung, was Glücklichsein betrifft, erhöhen.

Hast du keine Zeit dafür oder ist dieses Vorgehen vielleicht nicht angebracht, so kannst du die folgende Kurzform verwenden:

Lächle mindestens für eine Minute!

In Vorbereitung auf dieses Buch habe ich diese so einfache Technik auf einer DVD (siehe Anhang) von Vera F. Birkenbihl (eine der führenden europäischen Trainerinnen) gefunden. Hintergrund für diese Methode ist, dass das Hochziehen der Mundwinkel (was vielleicht zu Beginn einer Grimasse gleicht) einen Nerv reizt, was wiederum das Ausschütten von Glückshormonen zur Folge hat. Nach etwa 25 Sekunden »glaubt« dir dein Gehirn dieses Lächeln, und nach spätestens 60 Sekunden erfolgt die Ausschüttung.

Dabei hat das Lächeln nicht nur diesen emotionalen Effekt. Es stärkt auch gleichzeitig dein Immunsystem, und dazu genügen schon einige Sekunden.

Um dich selbst immer wieder an das Lächeln zu erinnern, empfehle ich dir noch zusätzlich die folgende kleine Methode, die von einer Bekannten aus Amerika, Dr. Susan Lee Smith[1], stammt. Herzlichen Dank, Susan! Hier eine kurze Zusammenfassung dieser Idee:

Susan fragte sich, wie es ihr wohl gelänge, mehr glückliche, liebevolle Gedanken zu haben. Sie erinnerte sich, dass nach den alten chinesischen Lehren die Energie durch einen Punkt in der Mitte der linken Handfläche »eingezogen« wird, und fragte sich, welche Art von Energie sie zur Zeit anziehen möchte.

Sie nahm einen feinen Permanent-Marker und zeichnete damit zwei Punkte für die Augen und einen Bogen für ein Lächeln [☺] in die Mitte ihrer linken Handfläche. Immer wenn sie daraufhin auf ihr »geheimes Lächeln« blickte, musste sie lächeln. Sie hatte liebevolle Gedanken, und es half ihr, sich auf die positiven Dinge zu konzentrieren.

Die gleichen Erfahrungen machten auch mehr als hundert Klienten, denen sie dieses Vorgehen ans Herz legte.

1 www.eftneigong.com, siehe auch www.eclecticity3.com

Nach wenigen Tagen berichteten Eltern von solch positiven Resultaten, dass sie ihren Kindern erlaubten, sich eine Farbe für ihre eigenen »Secret Smiles« auszusuchen. Die Resultate waren erstaunlich. Jeder, der diese Methode anwandte, berichtete von einer Reduktion des Stressniveaus. Alle bemerkten, dass sie mehr lächelten und sich ihre derzeitige Situation verbesserte. Auch die schulischen Leistungen und das Verhalten der Kinder verbesserten sich.

Dieses Vorgehen könntest du nicht nur als Erinnerungszeichen für ein Lächeln und damit für die Erhöhung deiner Glücksschwingung einsetzen. Du könntest auch ein anderes einfaches Symbol für dein Ziel finden (z. B. ein €-Zeichen) und dieses in die Mitte deiner linken Handfläche zeichnen oder einfach ein »D«, das dich daran erinnert, öfters einmal dankbar zu sein.

Affirmationen zum Thema Glück

Ich fühle mich jetzt glücklich und gesegnet, weil ich lebe.
Ich bin ein strahlendes Wesen, erfüllt von Licht, Liebe, Glück
  und Dankbarkeit.
Ich strahle jetzt vollkommenes Glück aus.
Mein Hier und Jetzt ist erfüllt von ewig strahlendem Glück.
Ich bin gesund, reich und glücklich.
Ich verdiene es und bin bereit, jetzt glücklich zu sein.
Ich liebe es, glücklich zu sein.
Aus ganzem Herzen sage ich jetzt laut »Ja« zu meinem
  Glück.
Ich bin unendlich dankbar für all das Glück, das ich täglich
  erfahre.
Ich bin ein kraftvoller Magnet für Glück.

Glücklich zu sein ist mein heiliges Geburtsrecht.
Ich entscheide mich, jetzt glücklich zu sein.
Ich bin jetzt glücklich.
Ich bin Glückseligkeit.

Ich empfehle dir die folgende Übung, die du drei Wochen
lang täglich vor dem Einschlafen und/oder nach dem Aufwachen durchführen solltest. Entscheide danach, ob sie dir
etwas gebracht hat und ob du sie weitermachen möchtest.
Sieh es als Experiment.

☺ 💿 CD-Titel 16: Glück

1. Wähle eine Affirmation bezüglich Glück und Glücklichsein.
2. Mache es dir bequem, schließe die Augen und atme
   ruhig und tief ein und aus.
3. Kreiere ein Bild vor deinem inneren Auge, das dich als
   einen vollkommen glücklichen Menschen zeigt. Mache
   dieses Bild so attraktiv wie nur möglich.
4. Steige nun ein in dieses Bild und in diese Realität.
5. Erlebe diesen Augenblick jetzt mit allen Sinnen.
6. Wie fühlst du dich in diesem Moment?
7. Sollten negative Gefühle oder Widerstände auftauchen,
   so hast du jetzt die Möglichkeit, diese mit den Spielhelfern (Kap. 3) aufzulösen.
8. Erlebst du jetzt wirklich dieses Gefühl von vollkomme-
   nem Glück, so intensiviere es. Lass es eindringen in jede
   Zelle deines Körpers und über diesen hinausstrahlen.
9. Bist du ganz erfüllt von diesem wunderbaren Gefühl,
   so sprich an dessen Höhepunkt dreimal laut deine gewählte Affirmation aus.
10. Beschließe dieses Spiel mit dem Gefühl der Dankbar-

keit und kehre in deinem Tempo in deine (neue) Realität zurück.

In spätestens drei Wochen solltest du alle Widerstände und Einsprüche gegen dein Ziel aufgelöst haben und auf Schritt 7 verzichten können.

Wie du siehst, ist es durchaus möglich und sinnvoll, auch Emotionen und Gefühle als Ziele für das LOA-Spiel zu nehmen. In erster Linie sind wir ja fühlende Wesen.

Wie möchtest du dich fühlen, jetzt?

11. Weltfrieden

»Die erste Bedingung, um mit anderen in Frieden leben
zu können, ist die, mit sich selbst in Frieden zu sein.«
Aristide Gabelli

Auch wenn wir uns oft machtlos fühlen angesichts der
Gewalt, die uns täglich über die Medien vermittelt wird,
so sollten wir uns immer vor Augen halten, dass Frieden
existiert auf unserem Planeten. Diesen zu erhalten und aus-
zudehnen liegt in unser aller Interesse.

Immer wieder werden Friedensprojekte übers Internet
ins Leben gerufen. Menschen werden aufgefordert, zu einem bestimmten Zeitpunkt für den Weltfrieden zu beten
bzw. zu meditieren.

Bücher wie *The Secret – Das Geheimnis*, das vorliegende oder
auch Filme wie *The Secret, One, What the bleep do we (k)now!?*
und viele andere machen uns vertraut mit den universellen
Gesetzen und insbesondere dem Umstand, dass wir alle eins
sind, alle miteinander und mit allem verbunden. Dies wird
dazu führen, dass schon in wenigen Jahren Millionen von
Menschen höhere Bewusstseinsebenen erreichen werden. Je
höher und stärker diese Energie, dieses gemeinsame Licht
strahlen wird, desto weniger Schatten wird die Folge sein.

Indem wir den Frieden in uns selbst finden und diesen
ausstrahlen, kann jeder von uns seinen Beitrag dazu leisten.

Mithilfe dieses Buches möchte ich nun auch ein Frie-
densprojekt ins Leben rufen. Ich nenne es:

18 Uhr: 3 Minuten für den Frieden

Ich möchte dich bitten, wenn möglich täglich, die folgende kurze Meditation um 18:00 Uhr durchzuführen:

 CD-Titel 17: Frieden

Setze dich bequem hin und bringe alle Fingerspitzen vor deiner Brust in Herzhöhe zusammen, und zwar so, dass sie eine Kugel formen. Stell dir vor, du umfasst damit die ganze Welt.

Schließe deine Augen und finde in dir einen Ort tiefen Friedens. Sollte dir dies nicht gelingen, so erinnere dich an eine Situation, in der du diesen Frieden erlebt hast.

Lächle und lass dieses Gefühl von Frieden sich in dir ausbreiten, jede deiner Zellen erleuchten, deinen gesamten Körper durchdringen, bis du schließlich selbst Frieden bist.

Strahle nun diese Energie in deine Hände, in diese Kugel und damit in die Erde. Lade sie auf mit dieser wundervollen Schwingung, diesem Licht.

Tue dies für ein bis zwei Minuten, sage dabei leise oder laut mehrere Male: »Frieden«, mit der Gewissheit, er ist schon existent, und beende die Meditation mit dem Gefühl tiefster Dankbarkeit.

Auch wenn die Welt und insbesondere du selbst von dieser Übung profitieren werden, so sollte dein Fokus allein auf dem »Frieden-*Geben*« liegen.

Unterrichte möglichst viele Freunde und Bekannte von diesem Projekt, und wenn du selbst eine LOA-Gruppe gründest, so sollte diese oder eine ähnliche Meditation bei einem Treffen auch immer um 18 Uhr stattfinden, falls möglich, oder den Abschluss bilden.

12. Häufig gestellte Fragen

Auf den folgenden Seiten gehe ich auf häufig gestellte Fragen zum Gesetz der Anziehung ein. Viele von ihnen stammen von Teilnehmern an meinem LOA-E-Mail-Training. Danken möchte ich hierbei vor allem meinem Kollegen Thorsten Kominek und meinem Freund Rainer Fath, mit denen zusammen ich diese Fragen im Vorfeld diskutierte. Viele ihrer Gedanken sind dabei in die Antworten mit eingeflossen.

Wie lassen sich Kindesmissbrauch, Flugzeugabstürze, der 11. September, Naturkatastrophen usw. mit dem Gesetz der Anziehung erklären?

Dies ist wohl die Frage, die am häufigsten insbesondere von den Kritikern des LOA gestellt wird. Eine Erklärung sehe ich in karmischen Ursachen. Ich bin der Meinung, dass nicht nur Einzelpersonen ein Karma besitzen, sondern alle Lebewesen und auch Gruppen, Rassen, Städte, Regionen, Länder oder Kontinente.

Mal abgesehen von karmischen Einflüssen, strahlen all die Genannten natürlich auch eine bestimmte Schwingung aus. Ist diese – beispielsweise von einer Nation – negativ, so wird sie natürlich empfänglich für negative Geschehnisse, sobald eine kritische Masse erreicht ist. Nicht ohne Grund unterstützt eine Fluglinie eine Forschung, die sich mit dem Einfluss von Befürchtungen seitens der Passagiere auf das Risiko von Flugzeugabstürzen beschäftigt.

Babys und Kleinkinder wiederum sind sehr empfänglich für die Schwingungen des Umfeldes und oft auch Symptomträger für Disharmonien in der Familie.

Sie nehmen die negativen Gefühle auf, die von den primären Bezugspersonen unterdrückt werden, was nicht selten zu schweren emotionalen oder auch psychosomatischen Erkrankungen führt. Zusätzlich strahlen sie diese Emotionen natürlich auch aus, was sie wiederum empfänglich für negative Erfahrungen macht.

Nicht zu unterschätzen ist dabei schon die Prägung während der Schwangerschaft. Welche Schwingung strahlt wohl ein Baby oder Kleinkind aus, das schon im Mutterleib mit Gefühlen konfrontiert wurde wie Angst, Wut, Ärger und dahinterliegenden Botschaften wie: »Ich will dich nicht!«, »Du bist nur ein Unfall!«, »Du ruinierst mein Leben!«, »Am liebsten würde ich dich abtreiben lassen!« usw.? »Gefüttert« mit diesen Informationen und Emotionen wird es Glaubenssätze entwickeln, die zu selbstzerstörerischen Verhaltensweisen führen können und Missbrauch, schwere Erkrankungen und Gewalt nahezu einladen.

Schon sehr früh in der Schwangerschaft ist ein Fötus empfänglich für negative wie auch positive Botschaften. In energetischer Sicht reicht dieser Einfluss sogar bis einige Zeit vor der Befruchtung zurück. Ist schon in dieser Zeit von den beiden Eltern der sehnliche Wunsch und die Liebe für das zukünftige Erdenkind da, sozusagen das Nest bereitet, so wird dies sich positiv auf dessen Entwicklung auswirken.

Das Gesetz der Anziehung sagt: »Gleiches zieht Gleiches an.« Was ist nun mit Magnetismus und Aussprüchen wie »Gegensätze ziehen sich an«?

Magnetismus (gegensätzliche Pole ziehen sich an) ist ein weiteres Prinzip, das selbst in der Physik eine Ausnahme bildet. Das Gesetz der Anziehung beruht auf dem »Magnetismus« gleichartiger Resonanzen, Schwingungen und Frequenzen. Wir gehen in die energetische Schwingung unseres Zieles oder Wunsches und ziehen damit sozusagen das materielle »Gegenstück« in unser Erleben.

Der Ausspruch »Gegensätze ziehen sich an« wird meist im Hinblick auf zwischenmenschliche Beziehungen verwendet. Ich bin davon überzeugt, dass auch eine Resonanz dazu da ist, wenn dies geschieht. Wahrscheinlich verkörpert der Partner in diesem Falle genau die Eigenschaften, die ich selbst für mich wünsche oder unterdrücke. Diese strahle ich bewusst oder auch unbewusst aus und ziehe damit eventuell im Außen Menschen an, die mit diesen Eigenschaften resonieren, bevor ich sie selbst ausgebildet bzw. angenommen habe.

Oft sind jedoch diese Beziehungen nicht von langer Dauer oder auf längere Zeit glücklich, wenn nicht beide Partner den erwünschten Gegenpol in sich selbst entwickeln oder anerkennen.

Wie formuliere ich eine Affirmation, wenn es um Schmerzen, Ohrgeräusche oder auch »Nichtrauchen« geht?

Bei gesundheitlichen Themen habe ich die Erfahrung gemacht, dass Affirmationen wie »Ich liebe es, vollkommen gesund und frei zu sein« oder »Mein ... (Ohr) ist vollkommen gesund und frei« sehr wirkungsvoll sind. Wichtig ist hierbei auch vor allem der erste Schritt des LOA-Prozesses, das Akzeptieren und Annehmen des Themas.

Wenn »Ich liebe es, Nichtraucher zu sein« positive Gefühle bei dir auslöst, so ist auch diese Aussage sinnvoll. Alternativen wären beispielsweise:

»Ich entscheide mich für Gesundheit, Freiheit und Selbstbestimmung.«

»Ich stecke nur noch gesunde Sachen in meinen Mund.«

»Ich führe ein gesundheitsbewusstes und glückliches Leben.«

Im deutschen Sprachgebrauch gibt es einige Negationen, die mit positiven Gefühlen verbunden sind wie Ent-Spannung, un-begrenzt, bedingungs-los usw. Das Einzige, was bei solchen Ausdrücken zählt, falls du sie verwendest, ist das Gefühl, das sie bei dir auslösen.

Kann ich bei meiner Affirmation die Einleitung »Ich will ...« verwenden?

Das Ziel jeder Formulierung ist ein positives Gefühl bezüglich deiner Affirmation. Wenn »Ich will ...« die bestmögliche Schwingung in dir auslöst, so verwende sie. Dasselbe gilt auch für »Ich möchte ...« oder »Ich wünsche ...«.

Manche Autoren meinen, wenn man eine solche Einleitung verwendet, ist man eher mit dem verbunden, was man nicht hat, also mit dem Mangel. Meines Erachtens ist es eher entscheidend, wie und mit welcher Physiologie man eine solche Affirmation ausspricht. Der Ton macht die Musik!

Soll ich die Sachen, für die ich dankbar bin, aufschreiben (Dankbarkeitsliste), oder reicht es aus, an sie zu denken?

Sowohl als auch. Ich bin ein Anhänger des Aufschreibens, da es die positive Schwingung noch verstärkt. Wenn du dies jedoch nur mit Widerwillen tust, so wird es eher kontraproduktiv sein.

Dann mache lieber öfters mal einen Dankbarkeitsspaziergang oder denke an diese schönen Dinge. Hierbei

kannst du, wenn du dich gerade in einer Dankbarkeits-
schwingung befindest, immer mal wieder einen deiner
Wünsche mit aufnehmen. Zusätzlich kannst du ja noch
eine Liste erstellen, die du täglich um *eine* Sache ergänzt,
für die du an diesem Tag hauptsächlich dankbar bist oder
warst. Sozusagen das Sahnehäubchen. Auch in diese Liste
kannst du gerne ab und zu einen deiner Wünsche mit »einbauen«.

*Wie kann ich Widerständen auf die Spur kommen, wenn sich ein
Wunsch gar nicht erfüllen will?*
Eine Möglichkeit, die ich schon angesprochen habe, wäre
es, deinen Wunsch zu übertreiben. Dies spült eventuell
diese Blockaden, meist unbewusste Glaubenssätze, an die
Oberfläche.
Oder du lässt dein Ziel los bzw. gibst es ab an dein höheres Selbst. Wahrscheinlich willst du es zu sehr, versuchst es
zwanghaft zu erreichen und bist dabei eher im Mangelbewusstsein. Komm wieder ins Spielen und habe Spaß dabei,
oder lass es los bzw. gib es ab.

*Welche Auswirkungen haben alte, tiefe und verdrängte Ängste, die
an die Oberfläche kommen, auf das LOA?*
Ängste, die hochkommen, können und wollen aufgelöst
werden. Sieh dies als Chance. Mit den Spielhelfern (Kap. 3)
hast du die Möglichkeit, diese unbewussten, jedoch auch
vorher schon vorhandenen Schwingungen loszulassen, was
sich wiederum positiv auf die LOA-Anwendung auswirken
wird.
Wähle für das Manifestieren deiner Wünsche Zeitpunkte, in denen du dich wohlfühlst.

*Kann ich Ziele auch in Etappen (kleine Schritte) einteilen, wenn
ich das Endziel nicht verändere?*

Du kannst alles tun, wenn es zu einem guten Gefühl führt. Deine Aufmerksamkeit sollte jedoch vorrangig dem Endresultat gelten. Auch wenn der Weg das Ziel ist, so bestimmt doch das Ziel letztendlich den Weg!

Es fällt mir schwer, das, was ich mir wünsche, loszulassen und trotzdem so zu tun, als ob ich es schon hätte. Was soll ich tun?

Das Loslassen deines Zieles bezieht sich in erster Linie auf die Zeit zwischen dem Manifestieren. Sollte dir dies Schwierigkeiten bereiten, so beobachte den Schöpfungsprozess mit Vertrauen und Zuversicht. Eine minimale positive Erwartungshaltung kann durchaus produktiv sein.

Es ist ein Spiel, habe also Spaß dabei. Akzeptiere auch negative Gedanken und Gefühle bezüglich deines Wunsches, die im Alltag auftauchen, und lass sie los. Mache es dir in einem solchen Falle zur Angewohnheit, dir die folgenden Fragen zu stellen: »Was möchte ich jetzt? Wie möchte ich mich jetzt fühlen?«

Oder gib deinen Wunsch ab, an dein höheres Selbst. Übertrage diesem dessen Erfüllung.

Als ich zuletzt ein selbst gestecktes Ziel erreicht habe, bin ich danach in ein tiefes Loch gefallen. Was kann ich tun, um dem vorzubeugen?

Frage dich schon vor der Formulierung eines Ziels, welche Chancen dir dessen Erreichen bringt. Stell dir vor, dieser Wunsch hätte sich jetzt schon erfüllt, welches Ziel, das dahinter steht, ist nun möglich? Dieses kann nicht nur einem tiefen Loch vorbeugen, es gibt deinem jetzigen Wunsch noch zusätzlich Energie.

Ich selbst bin mit Zielen für die nächsten Jahre ausgebucht, und immer wieder kommen neue dazu. Das Leben bietet eine unbegrenzte Fülle an Möglichkeiten, sei dir dessen bewusst, und deine Wünsche werden dir niemals ausgehen.

Erkenne auch, dass Glück vom Erfolg unabhängig ist. Entscheide dich, glücklich zu sein, wenn sich deine Wünsche erfüllen, und auch, wenn du deine Ziele nicht erreichst.

Wie bekommt man sorgenvolle Gedanken in den Griff?
Der erste Schritt ist, dass du sie erst einmal akzeptierst und annimmst. Damit bist du auch schon mitten in Schritt zwei, dem Loslassen. Schritt drei ist der Fokus auf das Positive. »Was möchte ich jetzt? Wie möchte ich mich jetzt fühlen?«

Gedanken sind nur Gedanken. Welche du davon aufgreifst, ist deine Entscheidung. Akzeptiere, dass sie jetzt da sind, und lass diejenigen, die nicht förderlich sind, vorüberziehen wie kleine graue Wolken an einem strahlend blauen Himmel.

Wie kann ich verschüttete zwischenmenschliche Beziehungen wieder beleben?
Belebe die Beziehung zu dir und mache den ersten Schritt. Rufe die Person an, schreib ihr einen Brief, eine Mail und triff dich mit ihr. Tue das, was du von ihr erwartest. Meist sind die ganz einfachen Lösungen die besten.

Es gibt in meinem Leben Menschen, die mich ärgern oder gar aggressiv attackieren, auch wenn ich nichts mehr mit ihnen zu tun haben will. Was kann ich tun?
Indem du Ruhe und Frieden in dir selbst findest, schließt du Frieden auch mit diesen Menschen. Sie werden dir dann in einer positiveren Art und Weise begegnen oder ganz aus deinem Leben verschwinden.

Deine größten Feinde sind deine besten Lehrer. Sie zeigen bzw. spiegeln dir, wie du zu einem gewissen Teil mit dir selbst umgehst. Beziehungsprobleme jeglicher Art geben dir Aufschluss über die Art und Weise, wie du mit dir selbst kommunizierst.

Dies alles gilt gleichermaßen auch für Streitigkeiten, die karmische Ursachen haben bzw. auf Ereignissen basieren, die aus früheren Leben stammen.

Wie geht man mit Menschen um, die im Gespräch immer sehr negativ reden?

Wenn du solche Menschen in dein Leben ziehst, dann bist du oder ein Teil von dir mit ihnen in Resonanz, bewusst oder auch unbewusst. Sei achtsam und beobachte einmal deine Selbstgespräche und Kommunikation mit dir selbst. Je mehr du diese in positive Bahnen lenkst, desto mehr wirst du Menschen begegnen, die ähnlich gepolt sind.

Zusätzlich könntest du negative Gespräche transformieren, indem du diesen Menschen immer wieder die beiden Fragen stellst: »Was willst du (stattdessen)? Wie möchtest du dich fühlen?« Damit lenkst du das Gespräch in eine positive Richtung.

Wann setzt man das Segnen ein?

Du kannst alles segnen, ob es sich dabei um Essen, Trinken, eine Bewerbung, ein Ziel, ein Vorhaben, ein Dokument, einen Computer, ein Lebewesen, ein Haus, ein Gespräch, ein Problem oder was auch immer handelt.

Sprich einen kurzen Spruch wie: »Ich segne dieses Essen mit Licht, Liebe, Gesundheit und Dankbarkeit zu meinem und zum Wohle aller.« Verbinde diesen mit einer passenden Handbewegung bzw. Geste.

Mit LOA gelingt es mir immer wieder, Ziele zu manifestieren und auf ein wirklich gutes Niveau zu kommen. Leider passiert es auch immer wieder, dass ich »ganz plötzlich« komplett wieder zurückfalle in alte Umstände und mich dann wieder von unten hoch-

»arbeite«. Wie kommt das? Was mache ich falsch? Wie merke ich,
dass ich aufhöre, in der richtigen Schwingung zu sein, bevor es sich
im Außen manifestiert?

Im Laufe des Buches und insbesondere im Kapitel »Spielverderber« bin ich schon ausführlich auf mögliche Ursachen eingegangen. Lies dir am besten dieses Kapitel noch
einmal durch, vielleicht findest du dort eine Antwort.

Weiterhin könntest du dich einmal fragen: »Gibt es einen
Preis, den ich zahlen muss, wenn ich vollkommen gesund,
erfolgreich, glücklich usw. bin? Bin ich bereit, diesen zu
zahlen, oder ist es sicher, dass ich diesen überhaupt zahlen
muss?«

Löse anschließend die Angst vor einem möglichen Ver-
lust mit den Spielhelfern auf. Akzeptiere auch, dass (kleine)
Rückschritte zum Leben gehören, verfalle nicht in Aktio-
nismus, sondern bleibe zuversichtlich und im Vertrauen.

Deine Emotionen (dein Ziel betreffend) zeigen dir deine
Schwingung an. Sei dankbar für das Erreichte, genieße den
Weg und hab Freude am Spiel. Probleme und Rückschritte
sind wertvolle Lernerfahrungen, die dieses schlussendlich
verbessern werden.

Manchmal läuft an so vielen Stellen alles falsch, dass man gar nicht
weiß, wo man anfangen soll. Es scheint alles ausweglos. Gibt es so
eine Art »Notfall-LOA«, das einem erst mal dazu verhilft, wieder
klar zu sehen und dann die nächsten Schritte zu tun?

»Es gibt immer (mehr als) einen Ausweg!!!«

Dies sollte dein Mantra sein. Du weißt, es entspricht der
Wahrheit, du hast es schon oft genug erfahren.

Keine Lösung ohne Problem – kein Problem ohne Lösung. Das ist das Gesetz der Dualität.

Steh auf, durchbrich das Muster und lächle für mindestens eine Minute. Du weißt, es gibt eine Lösung.

Sicherlich hast du auch irgendwelche Idole bzw. Vorbilder? Stell dir die Frage: »Was würde ... (z. B. James Bond) jetzt tun?« Damit veränderst du deinen Fokus, bekommst einen besseren Überblick und siehst klarer.

Eine andere Möglichkeit wäre, alle deine Themen erst einmal an dein höheres Selbst abzugeben mit dem Auftrag, diese in Ziele zu verwandeln. Stell dir vor dem Einschlafen vor, du hast die erwünschte Klarheit, und die nächsten Schritte (Wege) werden sich dir eröffnen.

Zu dieser Frage passt auch der folgende Wahlspruch meines Kollegen Thorsten Kominek:

»Im Zweifelsfall immer erst einmal entspannen!«

Wenn ich mit LOA ein Haus auf dem Land manifestiere und mein Mann mit gleicher Intention eine Wohnung in der Stadt, was passiert dann?

Dein Mann spiegelt dir in diesem Fall deine eigene Ambivalenz. Geh davon aus, dass unbewusst eine Resonanz für die Wohnung in der Stadt bei dir vorhanden ist. Wäre deine Schwingung zu 100 % für das Haus auf dem Land, so bekämst du dies von deinem Mann gespiegelt.

Werde dir klar darüber, was du wirklich willst, löse Widerstände auf oder finde einen Kompromiss, hinter dem du voll und ganz stehst.

Dein Ziel fällt auch meines Erachtens nicht in die Kategorie 100%-Herzensziel und Endresultat. Stell dir die folgende Frage: »Was wäre der größte Gewinn davon, in einem Haus auf dem Land zu leben?«

Vielleicht erhoffst du dir ja davon, glücklicher zu sein, oder eine Verbesserung der Beziehung. Dann wähle doch ein Ziel wie: »Ich lebe jetzt in einer harmonischen liebevollen Ehe und genieße mein vollkommenes Glück!« Wo dies schließlich der Fall ist, kann dir bzw. euch doch gleich sein. Lass dich überraschen!

Was ist zu tun, wenn das Gefühl für den Wunsch einfach nicht hoch-
kommen will? Wenn man sich beispielsweise eine bestimmte Summe
Geld oder einen beruflichen Erfolg vorstellt, der es ermöglicht, Schul-
den zu bezahlen, und es stellt sich trotz besseren Wissens das Gefühl
im Bauch nicht ein: »Wow, ich hab's geschafft, danke, danke.« Wie
ist dieses Gefühl zu kreieren bzw. welche »Deckel« sind da noch zu
heben, um an das gewünschte Resultat heranzukommen?

Sich Geld zu wünschen, um Schulden zu bezahlen, ist
für mich keine sehr attraktive Vorstellung. Ein Konto, das
überfließt und mit dem ich mir all das leisten kann, was ich
mir wünsche und was mit Geld zu kaufen ist, schon eher.

Stell dir auch hier am besten erst einmal so lange die
Frage nach dem Ziel hinter dem Ziel (»Was ist das Tollste
daran, wenn ich dieses Ziel erreicht habe?«), bis du dein
100%-Herzensziel gefunden hast.

Für die Manifestation reichen auch meist Gefühle wie
»Ich bin im Prozess«, »Es manifestiert sich gerade« oder
»Ich liebe es, wenn das passiert«. Oder stell dir vor, du hast
es – schon lange.

Hier noch ein kleiner Trick: Erinnere dich an eine groß-
artige Sache, die du schon geschafft hast und für die du
dankbar bist. Bist du nun in der Schwingung »Ich hab's
geschafft!«, so bleibe in diesem Gefühl und richte deinen
Fokus auf dein erwünschtes Ziel. Wiederhole dieses Vorgehen für einige Minuten.

Was du mit »Deckel« beschreibst, sind Widerstände deines Egos. Akzeptiere sie, nimm sie an und lass sie los. Dieses Buch zeigt dir Möglichkeiten, diese zu identifizieren
und auch aufzulösen.

Entscheide dich lieber, fünfmal täglich für drei Minuten
zu manifestieren als für einmal fünfzehn oder zwanzig Minuten, und wähle vor allem die Zeit kurz vor dem Einschlafen und nach dem Aufwachen. Es ist wesentlich leichter,
deinem Ego einen Kurzurlaub für drei Minuten zu gönnen

als für fünfzehn oder gar zwanzig Minuten. Und entscheide dich jetzt, das LOA-Spiel immer nur dann zu spielen, wenn du dich o. k., wohl, gut, glücklich, voller Energie, wundervoll oder fantastisch fühlst.

Soll ich einen Termin für das Erreichen meines Zieles setzen?

Auch wenn dies ein Kriterium im NLP für Zielaussagen ist, sage ich NEIN! Dafür ist das Universum zuständig. Es weiß den bestmöglichen Zeitpunkt. Deine Aufgabe ist es, dein Ziel ins Hier und Jetzt zu holen, Dankbarkeit und inspiriertes Handeln.

Trotzdem hast du einen indirekten Einfluss auf den Zeitpunkt. Je weniger Widerstände und Zweifel du deinem Ziel entgegensetzt und je mehr du erlaubst, es *jetzt* zu erhalten, desto schneller wird es sich materialisieren. Auch hierbei können dir die Spielhelfer (Kap. 3) sehr nützlich sein.

Kann bzw. soll ich Ziele, auch aus den verschiedensten Bereichen, gleichzeitig angehen?

Dies kannst du gerne tun, nebeneinander oder noch besser als Kombination. Nehmen wir einmal an, du hast folgende Wünsche:

· Wunschgewicht 70 kg,
· eine Mittelmeer-Kreuzfahrt,
· eine glückliche Beziehung.

Diese Ziele könntest du als Affirmation und als Vorstellung natürlich auch zusammenfassen:

»Ich liebe es, 70 kg zu wiegen und glücklich und gesund mit meiner Freundin (meinem Freund) eine wundervolle Mittelmeer-Kreuzfahrt zu genießen.«

Wenn du mehrere Ziele nebeneinander oder auch als Kombination »angehst«, so beschränke dich dabei auf drei bis fünf. Dies beugt neben Langeweile auch »Verzettelungen« vor. Blockieren dürfen sich deine Ziele jedoch gegenseitig nicht, sondern sie sollten sich im besten Fall unterstützen.

Die meiste Aufmerksamkeit solltest du immer deinem Herzensziel schenken.

Während des LOA-Spiels werden sicherlich auch bei dir noch Fragen auftauchen. Sollte dieses Buch diese nicht oder nicht zufriedenstellend beantworten, so hast du die Möglichkeit, diese im LOA-Forum oder auch an mich direkt bei einer der angebotenen LOA-Telefonkonferenzen zu stellen.

Wie alles, so ist auch dieses Buch nur eine Momentaufnahme. Erkenntnisse, Erfahrungen und weitere hilfreiche Anregungen, die mir in den nächsten Wochen, Monaten und Jahren »begegnen«, werde ich auf meiner LOA-Internetseite zusammenfassen und damit auch dir zugänglich machen. Schau also ab und zu einmal vorbei.

L   Liebe dich von ganzem Herzen.

O   Ob Erfolg oder Misserfolg, entscheide dich, glücklich zu sein.

A   Alles ist Energie.

\-

D   Du bist der Schöpfer.

A   Alles ist mit allem verbunden.

S   Spiele das Spiel und habe Spaß dabei.

G   Gleiches zieht Gleiches an.

E   Energie folgt der Aufmerksamkeit.

S   Sei offen und dankbar für das Bestmögliche.

E   »Es gibt immer einen Ausweg.«

T   »Träume nicht dein Leben, lebe deinen Traum.«

Z   Zeit und Raum sind nur Illusion.

D   Das Außen spiegelt das Innen und umgekehrt.

E   Energie materialisiert sich durch Beobachtung.

R   Richte deine Antenne aus auf Gesundheit, Wohlstand und Glück.

A   Annehmen ist der erste Schritt zum Loslassen.

N   Nur im Hier und Jetzt ist deine ganze Kraft.

Z   Zeit für ein Lächeln ist immer.

I   »Im Zweifelsfall immer erst einmal entspannen.«

E   Egal, was du dir auch wünschst, es liegt flussabwärts.

H   Handle inspiriert.

U   Uebernimm die Verantwortung für dein Leben, jetzt.

N   Nutze positive Gedanken und Gefühle für die Manifestation deiner Wünsche.

G   Glücklichsein ist eine Entscheidung.

13. Nachwort und Ausblick

»Neue Meinungen sind immer verdächtig,
und man setzt ihnen Widerstand entgegen aus dem
einzigen Grund, dass sie noch nicht Allgemeingut sind.«
John Locke

Wir leben in einer wunder-vollen Zeit. Auch wenn es noch große Herausforderungen zu meistern gilt, so standen uns noch nie so viele Möglichkeiten dafür zur Verfügung. Internet und Co. machen es heute möglich, dass Erkenntnisse, Forschungsergebnisse und spirituelle Lehren in Windeseile verbreitet werden und jeder Zugang zu diesen Informationen hat. Neue effektive Therapien, Techniken und Methoden haben sich unserer schnelllebigen Zeit angepasst und können wirksam Heilungsverläufe emotionaler oder auch physischer Natur unterstützen und verkürzen.

Die positive Nutzung des Gesetzes der Anziehung ist hierbei wie auch bei der Erreichung von Zielen in allen Bereichen des Lebens ein machtvolles Instrument. Doch wie bei allem gilt auch hier: *»Es gibt nichts Gutes, außer man tut es.«* (Erich Kästner)

Allein das Gesetz zu kennen wird dir zwar Erkenntnisse liefern, die sich positiv auf dein Leben auswirken können, doch nur wenn du das LOA-Spiel auch wirklich spielst, werden sich die Ergebnisse einstellen, die du dir von Herzen wünschst.

Finden wirst du (bzw. wird dich) im Endeffekt immer

das, was du mit dir nimmst, ob es sich dabei um Wut, Angst, Trauer oder Liebe, Frieden und Glück handelt. Beende den inneren Krieg und entscheide dich für inneren Frieden. Bring Gesundheit, Reichtum und Glück ins Hier und Jetzt, und deine Zukunft wird davon erfüllt sein.

»In ständiger Bewegung ist die Zukunft«, sagte schon Yoda zu Luke Skywalker[1]. Mit deinen Gedanken, Gefühlen, Entscheidungen und Handlungen bist es allein du, der sie erschafft.

Meine Ziele waren es, möglichst viele der Facetten, die mit dem Gesetz der Anziehung in Verbindung stehen, zu beleuchten, dir Möglichkeiten der Umsetzung zu liefern und dir damit die Tür zu einer höheren Bewusstseinsebene zu öffnen. Hindurchgehen musst du nun alleine. Spiele das Spiel immer wieder, mache deine Erfahrungen und inspiriere andere.

In den kommenden Jahren werden die Samen aufgehen und viele Früchte tragen, die von Filmen und Büchern wie *The Secret – Das Geheimnis* und von all den Lehrern, die diese Erkenntnisse vermitteln. Weitere Geheimnisse werden gelüftet werden, und die moderne Wissenschaft wird hierfür Erklärungsmodelle liefern. »Wunder« werden immer öfter geschehen, und auch die Schulmedizin wird sich diesen Erkenntnissen und Lehren nicht mehr verschließen können. Schon heute gibt es Länder, in denen Ärzte und Heiler bzw. Schamanen eng zusammenarbeiten.

Nächste Generationen, die mit diesem neuen Bewusstsein aufwachsen, werden zu Dingen fähig sein, die wir uns jetzt vielleicht noch nicht einmal vorstellen können.

Schon in Grundschulen wird es Pflichtfächer geben, deren Inhalt genau diese geistigen und universellen Gesetze sind.

---

1 Aus *Star Wars V*: »Das Imperium schlägt zurück«

Die Schwingung von Ländern, Kontinenten, ja der ganzen Welt wird sich erhöhen und damit für Feindschaft und Krieg keinen Platz mehr lassen. Zusammen werden die größten Herausforderungen gemeistert werden und neue große Ziele in den Fokus rücken.

Wir sind die Pioniere dieser möglichen Zukunft. Wir sind es, die dieses weitgehend unerforschte und unbekannte Land in uns und um uns selbst entdecken und bestellen dürfen. Wir legen die Gleise und stellen die Weichen.

Wir sind nicht nur Schöpfer unserer eigenen Realität, sondern auch Mitschöpfer auf einer globalen Ebene. Sind wir uns dieser Macht bewusst, so wird dieses Bewusstsein Teil des unsichtbaren Informationsnetzes, mit dem wir alle verbunden sind. Andere Menschen und zukünftige Generationen werden dieses Wissen aufgreifen, integrieren und vermehren.

Das Abenteuer beginnt, hier und jetzt.

Hab Spaß dabei!

Christian

»Die Macht wird mit dir sein, immer!«
Obiwan Kenobi zu Luke Skywalker[1]

---

1 Aus *Star Wars IV*: »Eine neue Hoffnung«

Dank

> »Jeder von uns hat in tiefem Dank derer zu gedenken, die
> Flammen in ihm entzündet haben.«
> *Albert Schweitzer*

Mein Dank gilt allen Autoren wie Dr. Nobuo Shioya, Richard Gordon, Bärbel Mohr, Bruce H. Lipton, David R. Hawkins, Lynne McTaggart, Eckhart Tolle, Sharon Begley, Michael Losier, Esther und Jerry Hicks und vielen anderen, die mich in den letzten Jahren und insbesondere in Vorbereitung auf dieses Buch »begleitet« haben und mir wertvolle Informationen und Erkenntnisse lieferten.

Ich danke auch ganz herzlich Hale Dwoskin und den Sedona Training Associates Joan Sotkin, Dattatreya Siva Baba, John Harricharan und Susan Lee Smith für die Erlaubnis, Teile ihrer Lehren in diesem Buch veröffentlichen zu dürfen.

Weiterhin danke ich Maya de Vries, Gary H. Craig, Rudolf Kaufmann und Fred P. Gallo, meinen wichtigsten Lehrern im Bereich Energetischer Psychologie und EFT.

Danke auch Ute Albrecht für ihren Artikel über Feng Shui und das Gesetz der Anziehung.

Danke Rainer Fath, der in den letzten Jahren mein spirituelles Wachstum in großem Maße mitgeprägt hat und auch wertvolle Tipps und Anregungen zu diesem Buch lieferte.

Herzlichen Dank auch an Roland Kenzler für fachkundige Hilfe, kollegiales Coaching und thematische Unterstützung. Es überrascht immer wieder, welche menschlichen Ressourcen uns in nächster Nähe zur Verfügung stehen.

Ich danke dem Goldmann Verlag für die Chance zu diesem meinem zweiten Buch.

Mein Dank geht auch an dich, verehrter Leser. Inspiriere mit deinem neuen Wissen andere und erfülle dir deine geheimsten Träume.

Mein größter Dank gebührt meinen Eltern, meiner Familie, Freunden und Bekannten, die mich auf meinem bisherigen Lebensweg begleitet haben und damit großen Anteil an diesem Buch haben.

Anhang

Hier findest du Literatur-, Quellen- und Linkverzeichnis und die Inhaltsangabe der beigefügten CD.

Quellen

Bücher, E-Books, Artikel

Byrne, Rhonda: *The Secret – Das Geheimnis*. Wilhelm Goldmann Verlag, München 2007

Doyle, Bob: *Wealth Beyond Reason*. Boundless Living Publishing, Victoria (Kanada) 2003

Dwoskin, Hale: *Die Sedona-Methode®*. VAK Verlags GmbH, Kirchzarten 2006

Harricharan, John: *The PowerPause*. (New World Publishing 1998). Dieses E-Book kann bezogen werden unter: www.powerpause.com.

Hawkins, David R.: *Die Ebenen des Bewusstseins*. VAK Verlags GmbH, Kirchzarten 1997

Hicks, Ester u. Jerry: *The Law of Attraction*. Hay House, 2006

Losier, Michael J.: *Law of Attraction*. Michael J. Losier 2006 (deutsche Ausgabe: *Das Gesetz der Anziehung*, Integral, München 9/2007)

Reiland, Christian: *EFT. Klopfakupressur für Körper, Seele und Geist*. Wilhelm Goldmann Verlag, München 2006

Reiland, Christian: *LOA-E-Mail-Trainings-Unterlagen*. Siehe *www.lawofattraction.de*

Siva, Sri: *The One Minute Guide to Prosperity and Enlightenment*. Vaaak Sounds 2002

Sotkin, Joan: *The Power Word Technique*. Kostenloser Download unter: *www.prosperityplace.com/articles/power-word.pdf*

Filme

Birkenbihl, Vera F.: *Einige Denk-Anstöße zum Thema Erfolgs-Psychologie*. Gabal Verlag 2006

Star Wars IV und *V*. Lucasfilm Ltd & TM 2004

The Secret – Das Geheimnis. TS Production LLC 2006

What the bleep do we (k)now!? – Ich weiß, dass ich nichts weiß! Captured Light & Lord of the Wind Films, LLC 2004

Literatur

Begley, Sharon: *Neue Gedanken, neues Gehirn*. Wilhelm Goldmann Verlag, München 2007

Dodson, Frederick E.: *Reality Creation*. Bohmeier Verlag, Leipzig 2005

Dodson, Frederick E.: *Zeitreisen*. Bohmeier Verlag, Leipzig 2004

Dodson, Frederick E.: *Illumination des Träumens*. Bohmeier Verlag, Leipzig 2004

Dyer, Wayne: *Manifest Your Destiny*. HarperCollins, New York 1997

McTaggart, Lynne: *Das Nullpunktfeld*. Wilhelm Goldmann Verlag, München 2003

Mohr, Bärbel: *Bestellungen beim Universum.* Omega Verlag, Aachen 2006

– : *Reklamationen beim Universum.* Omega Verlag, Aachen 2002

– : *Nutze die täglichen Wunder.* Koha-Verlag, Burgrain 2001

Lipton, Bruce H.: *Intelligente Zellen.* Koha-Verlag Burgrain 2007

Murphy, Joseph: *Die Kraft schöpferischen Denkens.* Gondrom Verlag Bindlach 1995

Scheich, Günther: *Positives Denken macht krank.* Eichborn Verlag, Frankfurt a. M. 2001

Scheinfeld, Robert: *The 11th Element.* John Wiley & Sons, Inc. 2003

Shioya, Nobuo: *Die Kraft strahlender Gesundheit.* Wilhelm Goldmann Verlag, München 2006

Tolle, Eckhart: *Leben im Jetzt.* Wilhelm Goldmann Verlag, München 2002

Links

Deutsch

Internetseiten des Autors: *www.eft4all.de www.eft-shop.de www.gesetzderanziehung.de*
LOA-Forum: *www.loa-forum.de*

Energie-Bilder und mehr: *www.jaa.at*
Homepage von Bärbel Mohr: *www.baerbelmohr.de*
Klarträumen: *www.klartraum.de*
Mehr zu LOA: *www.i-bux.com*
Multiversum: *http://home2.vr-web.de/ ~gandalf*

Wikipedia-Enzyklopädie: *http://de.wikipedia.org*
Wikipedia spirituell: *http://de.spiritualwiki.org*

Englisch

Audios zu EFT und LOA: *www.carollook.com/voiceamerica*
  www.eft-talk.com
Mantra und Meditation: *www.srisiva.com*
NeiGong: *www.eftneigong.com*
Power-Pause und mehr: *www.powerpause.com*
Power-Wort und mehr: *www.prosperityplace.com*

Die hier beiliegende CD, produziert von Christian Reiland, soll dich bei der Ausführung, der in diesem Buch vorgestellten Übungen unterstützen. Sinnvoll hierbei ist die Verwendung eines Abspielgerätes (CD- oder DVD-Player) mit Fernbedienung und Pausetaste.

Die jeweiligen Titel sind im Buch mit dem ☮-Symbol versehen.

Inhalt der CD

Sanfte Heilung für Körper und Seele –
jetzt auch als Praxis-CDs

1 CD, 68 Minuten Spielzeit
ISBN 978-3-442-33966-2

1 CD, 68 Minuten Spielzeit
ISBN 978-3-442-33967-9

arkana
AUDIO